去你的
正常世界

大坦誠／著

傲嬌地愛世界

厭世國文老師

　　如果世界有個地方，圈養著所謂的「正常人」，那麼你將是觀看的，還是被觀看的一員？

　　一旦確立「正常」的邊際，勢必會出現被排除在外的個體，也就是被視為「不正常」的存在。當人們越是朝向純淨的道德價值奔跑，那些落後的、不同方向的，甚至是停下休息的，將會成為墮落不潔的象徵。

　　「你不一樣。」

　　這句話是祝福，也是詛咒。一方面期待能夠適應群體，另一方面希望自己與眾不同，試圖在擁擠的人潮裡，找到能夠獨自站立的角落。

　　大坦誠在《去你的正常世界》裡，描繪出千奇百怪的人物（地獄）圖像，彷彿一位浪漫的人類學家，詳實地紀錄眼前發生的光怪陸離，以及蒐集各種不可以常理解釋的資料。

　　那些荒謬而真實、遙遠而靠近的故事，卻也讓人們誤以為自己是坐在豆棚瓜架底下，聽著野鬼孤魂吟誦著穿越生死的詩篇。

姑妄言之，也妄聽之。

宋代文豪蘇軾在〈莊子祠堂記〉提到一位易服逃亡的楚國公子，窘困於守門侍衛的刁難，旁邊僕人見到情況不對，舉起鞭子喝斥辱罵自己的主人，讓侍衛誤以為楚國公子的身分更低下，最後順利放行主僕二人。

這種做法是「陽擠而陰助之」，看起來像是排擠，但實際上是幫助。

蘇軾以此解釋莊子與孔子之間的關係，莊子像個傲嬌的男孩，嘴裡說著討厭，行動卻是對孔子懷抱敬意與愛意。

大坦誠也是傲嬌。

儘管說著看似粗鄙不文的語言，或是寫下各種嘲弄戲謔的文字，依舊充滿愛與溫暖，只不過掩蓋在乖誕悖謬的態度裡，需要透過緩慢且小心的爬梳，才能指認那些有光照亮的地方。

大坦誠不愛這個世界嗎？不是的。只不過愛這個世界的方式有很多種，其中有些特別到令人無法輕易辨認而已。

回到一開始的問題，判定正常與不正常的權力，並不在我的掌握之中，但若是真的可以選擇，我大概會這樣說：

「**去你的正常世界！**」

（本文作者為暢銷作家）

那些只剩下開始與結局的故事

有時候我看到年輕小坦克（註：我的讀者都被我稱之為小坦克）說我的故事是他們最好的成長小說時，我都會不由自主的抖一下。除了我怕他們爸媽知道自己小孩被我這個社會敗類帶壞會想殺我之外，也是因為覺得我的小說根本不符合成長故事的公式。

成長故事集的公式不是應該是：十章裡面前七章都是善良的主角被反派惡童欺負，後面三章中有兩章是在洗白惡童，最後一章則是快樂大結局，每個人充滿希望與正能量？

從小到大我只要逮到機會，就會泡在學校的圖書館，看那種超常見的成長故事集。

但說實在的，國小時的我總是不懂，為什麼惡童欺負主角一路欺負了七個章節，還能在後面三個章節中理所當然的被洗白？

往往主角抓狂起來反抗惡童的部分只占了一頁，後面還要花三頁的篇幅來愧疚自己抓狂。

奇怪耶，為什麼主角只能善良不能抓狂？

所以我一直在找那種主角可以從第二章一路抓狂到第十章的成長故事（想當然不可能會有）。

　　我大學念的是語文教育相關科系，所以我曾經認真研究這類成長故事。研究後我終於明白作者如此安排的苦心，但我依然非常渴望看到那種從頭抓狂到尾的故事。

　　這樣才痛快，不是嗎？

　　如果一個故事只剩下主角開頭的眼淚還有反派不算太差的結局，那些還沒完成的復仇呢？那些應該給讀者們的痛快情節到哪去了？那麼那些該有的嘶吼與吶喊在哪裡？
　　所以那年二十三歲的我，舉起了被教授們嫌棄、被假文青們詛咒、被世間萬千只容許正能量存在的正能量男孩女孩們唾棄的筆，用「大坦誠女孩」的筆名，四處尋找那些跟我一樣的坦誠女孩，再一點一點的、把那些開頭很慘、結局很爛、但過程卻非常痛快的該死的故事寫了下來。

　　喔，對了，為什麼我叫大坦誠？
　　國小的時候我就是部落客了，我在優學網上面有一堆粉絲，我每天都會發非常正能量的文章，還有自己寫一些好笑的改編歌詞

跟改編童話。

我也曾是那種每天都很正能量地參加作文比賽，不停都在歌頌世界、高歌未來，然後得特優的小孩。

後來我的家裡發生了一些事情，我有一陣子每天都在哭，再也沒辦法寫好笑文章了，所以我再也沒更新過。

但我一直覺得，只要我繼續保持正能量，我就可以逃離所有爛事，因此我還是很認真的維持著正能量的作風，甚至準備當充滿愛的國小老師，還跑去參加教育志工團、親善團等。

我以前是那種跟著籃球隊打完球輸了還會發文謝謝兄弟、打LOL 一直銅牌，還會大聲唱「相信吧多遠都可以到達」的白癡陽光直男。

結果某天，我參加活動，被一個可怕的女人推卸責任，從那天起整間大學都在瘋狂的傳我的謠言，連我國小發生的事情也被放上了黑特網。

她們會一邊分享晚安詩，說要成為一片溫柔的海，一邊在臉書發文狂暴抨擊我。

那時，我只要滑開手機，就能看到每個人都在罵我跟試探我。終於到了一天，我受不了地問她的姊妹幹嘛外流一堆我的照片、還有我家的事情，沒想到她很溫柔而堅定的說：

「就像柯南說的一樣，真相總有一天大家都會知道啊，所以我

就不當隱瞞者了，可能我就是一個坦誠女孩吧？」

可！能！我！就！是！一！個！坦！誠！女！孩！吧！

從此之後我就把所有看得見的社群軟體改成「大坦誠女孩」，然後一天發一篇文罵她們，當然也不忘分享晚安詩。

我曾經接過一個人的電話，問我為什麼我說話那麼不溫柔？如果被我回嘴的人有憂鬱症怎麼辦？

接著我聽到她媽媽在旁邊幫腔，那天晚上，我在某知名百貨前聲嘶力竭地臭罵她們，等到她們在電話那頭狂哭叫我去看《我們與惡的距離》，我才掛掉電話。

後來我的行為越來越脫軌，有一堆人哭著說我變了，但我覺得當坦誠女孩有夠爽，不用跟以前一樣每天早上起來對自己說：「努力努力歐嗨唷。」

現在的我，只需要恨恨的反問對方：「關你屁事。」

我沒有在台上教小朋友人生的道理，頂多只在補習班要國中生不要把「是在哈囉」當成修辭用，因為我還沒摸清楚到底人生的道理是什麼。

但我知道，人要學會坦然地面對那些你怕得要命的事，你處理過越多爛事，你就會越厲害。而你若不去處理那堆爛事，爛事就

會搶先處理你。這是我的格言，也謝謝那些相信我的格言的人。

謝謝我的小編兼好姊妹青霞，雖然她恐男，但她一直比男人還堅強，總是在我們被罵到不行的時候用士官長般的口吻要我打起精神，並用復健師般的耐心讓我重新振作。

謝謝另一名小編廖廖，也是我最重視的學弟，願意認真讀我的每一篇作品，就算他比我優秀，還是不忘說我優秀。

謝謝如何出版社，在每個人都想肉搜牛頓是誰的時候，不畏外界的謾罵，與我簽下了書約，而且沒有因為故事情節太神經而叫救護車把我載走。

謝謝黃老師跟我媽，謝謝你們教會我寫作，讓我在被全世界罵到流出汗來的時候，還有辦法讓罵我的人氣到尿出來。

最後，謝謝奮力生存、不顧開頭及結局，努力活出自己那份糟糕故事的你。

我們！都是！大坦誠！女孩！

目錄 CONTENTS

正常門票

危人師表

糟糕故事

#正常門票

早期馬戲團的怪人秀，會展出一些畸形的怪人，供觀眾買票欣賞。

正常人能花錢買票進入怪胎的世界，那麼有沒有一種能賣給怪胎們的「正常門票」，讓那些怪胎們能在「正常」的世界完美登臺？

什麼樣的人需要「正常門票」？是不正常的人嗎？

可是，什麼是「正常」，什麼又是「不正常」？

正常門票，收錄了幾個被認為「不正常」的人，在「正常」的世界裡尋找自我、通往正常世界的故事。

我媽兒子的唇膏

盧姊

盧媽

盧姊，外貌看起來頗為強勢聰明，
是會跟無理中年人打筆戰的知青辣妹。
盧媽則是那種外貌很慈祥、學生會不小心叫她媽媽、
但作業出很多讓學生寫到叫媽媽的國小女老師。

你們知道上癮的滋味嗎？

國小五年級，我第一次偷擦唇膏的時候，我看到鏡中的自己更像女生了，突然覺得，我奪回了一點上天剝奪我的美妙事物。

化妝是會上癮的。後來，我畫眉毛的技術無人能敵，還駕馭得了亮色系 A 字裙。隨著各種困難被我克服，我越來越像女生，而我唯一克服不了的，是我的雞雞。

我是男的。

我媽比我的雞雞難克服，她是國小老師，她專權、自大、古板、愛裝可憐、好面子。

小時候她很喜歡帶我到處炫耀，說：「我的兒子跟女兒一樣貼心又細心。」

炫耀之於她也是一種上癮，因為她可以拿我跟同校的其他女老師的粗心過動直男兒子一較高下。

那段時光真的是幸福的，我跟我媽就像姊妹一樣要好，以前我會幫她挑洋裝顏色，陪她看瓊瑤掉眼淚，會幫她拔白頭髮。

我們會一起聽莫文蔚的歌，一起縫小零錢包，其他女老師的兒子都不會。

但後來還是那些笨直男贏了，因為他們「至少」是個男的，**正常的男的**。

在發現我內心真的是女生後，我媽多次明示暗示我不要經過她待的小學，因為她告訴學生和同事，我出國了。

慢慢的，我們連吃飯都離得很遠。

大一那年，她把我的女裝全丟了後，我在她面前自殘。她看到我流血還一直打我，問我為什麼不能跟其他男生一樣？要不要去看醫生？

我對她大吼，說我「這輩子不可能像她說的正常」，她吼我「我在外面都不敢說我有兒子，我沒有正常的兒子」。

大一到大三，我，一個不正常的兒子。再也沒回過家。

去年冬天，我本來打算從除夕到初五都跟著廉價旅團去國外、杜絕所有讓我想起「團圓」兩個字的事物，但我媽在大三學期末時出現在我的租屋處堵人。

代誌沒你各位想得如此戲劇化，當時我以為她會殺掉我，結果她跪下來要我回去吃年夜飯。

我就真的回去吃了，穿著男裝吃。吃到一半，她笑吟吟的說：「你正常起來好看多了。」

我直接抓狂，因為她還是把我當成異類，我在她前面狂補口紅，然後她拍掉我的口紅對我又叫又罵。

反正我們就是吵到半夜，鄰居上來發飆，我們只好承諾，我們一家三口不會發出任何聲音。

我走不了，躺在沙發上，含著眼淚睡著了，我媽在房間哭得歇斯底里。

凌晨的時候，朦朧之間，我感覺到有人摸我。結果是我媽在摸我手上割腕的疤痕，一邊摸一邊哭。幹！真的超像歐巴桑女鬼。

她問我為什麼要這麼不孝，我不耐煩地說，如果她的不孝就是不正常，那我這輩子到死都不孝。

她繼續掉眼淚，她說，最基本的孝順，是在她面前好好的長大，不要辜負父母的愛。

我一陣鼻酸，卻哭不出來。我反問她，無論我什麼樣子，她都會照樣愛我嗎？活得像女生也會嗎？

她沒回答，只說：「你學會最基本的健康快樂再跟我談。」

她終於沒用「正常」這個詞了。

後來真的沒有再革命了。

磨合期過後，我跟我媽相處得越來越正常，甚至還會一起去喝下午茶、挑衣服。只不過偶爾，她在公共場合會站得離我很遠。

我知道她努力了，但有些事情真的辦不到，我也不會怪她。

我告訴自己，現在這樣已經很幸福了。很「正常」。直到去年，有一件突如其來的事，打破了所謂的「正常」。

我去幫我媽國小的園遊會攤位炒泡麵。只要不講話、戴口罩、

假裝是學生媽媽，就沒人會發現我是男生。

園遊會結束，我媽在閉幕典禮的時候問我，我是她的兒子還是女兒？我以為她又要發瘋，我斬釘截鐵（而且有點不爽）的跟她明示，我是她的女兒。

沒想到，我媽，那個好面子的中年婦女江老師，居然在活動結束、集合小朋友放學的時候，向全部的小孩，跟來參加的家長大聲地介紹我：「她是江老師的女兒，小朋友，請一起跟盧姊姊打招呼！」

小孩們全都精力充沛的大喊「盧姊姊好」，我嚇死了，慌忙說「你們好、你們好」，才發現自己的低音讓在場所有人的臉色僵住了。

接著，我媽又繼續說：「盧姊姊幫我們炒了好吃的泡麵，你們要跟她說什麼？」

小孩們再度精力充沛的大喊「謝！謝！盧！姊！姊！」

我媽滿意的要我在教室關門窗，然後帶著小朋友放學了。

我關著門窗，從震驚的狀態平復時，突然意會到我媽不再以我為恥，也不再說自己的小孩在國外了。想到這裡，我的眼淚直接流了下來。

故事的結尾其實還是很丟臉，因為我媽一進教室，我就抱著她大哭了起來。幹，你們知道嗎，這比有雞雞穿女裝還丟臉，遠看

別人還以為我們是老少配女同志在談分手。

　不過，從今天開始，不管近看、遠看，我們和我媽都不會再害怕了。

　因為我們是大坦誠女孩。

就算是
新爸爸，
也眉關係

許叔叔是那種很會打籃球、很會講幹話、
只要是男生都會想跟他當好兄弟的和善大叔。
小義則是班上都會出現的那種愛頂嘴又愛逞強的死小孩，
但老師放感動影片時他都會哭，
而且在教師節時會認真的寫卡片給每個老師。

小學三年級時，我剃了我新爸爸的眉毛，但故事得先從我原本的爸爸說起。

　　小學一年級時，我原本的爸爸過世了。媽媽說他去了一個不會生病、永遠幸福的地方。可是，那個地方沒有我們，爸爸會幸福嗎？沒有爸爸，我們會幸福嗎？

　　就在我開始習慣沒有爸爸的不幸福時，我媽交了一個男朋友，我叫他許叔叔。

　　以前媽媽常笑我和爸爸的超淡眉毛，但她也常說自己最愛眉毛淡的男生。不過，許叔叔的眉毛非常濃密，所以我推論：媽媽喜歡眉毛濃的許叔叔，就代表著，她不愛淡眉毛的爸爸了。

　　那我要討厭許叔叔。

　　可是許叔叔不會逼我叫他爸爸，他會去課後班接我，假日帶我們去玩，甚至知道我的感冒糖漿喜歡什麼口味。

　　他跟爸爸不一樣，許叔叔不會說故事，但會做菜；他也跟爸爸一樣，會耐心的教我數學。

　　有時候課後班放學，想到許叔叔或媽媽一定會在門口接我，我就會感覺自己又有爸爸了。我很開心，可是我不敢叫許叔叔爸爸，因為我怕我原本的爸爸會難過。

我終究討厭不了許叔叔，所以忍著不叫許叔叔爸爸，是我證明自己沒忘記爸爸的方式。

一陣子後，我們和許叔叔一起搬到新家。我很喜歡新家，只是新家的牆壁上沒有爸爸媽媽的結婚照。

又過了一陣子，媽媽答應許叔叔的求婚，還感動得直掉眼淚。只是我突然想到，如果爸爸知道媽媽要嫁給別人了，他會掉淚嗎？那我們這樣是不是很自私？他會祝媽媽幸福嗎？

那天起，我看到許叔叔就又叫又罵，要他別搶走媽媽。只是媽媽的親朋好友都很喜歡許叔叔，堅持要我媽趕快嫁給他。這讓我更加生氣，對許叔叔也更加無理。但最讓我進退兩難的是，許叔叔還是對我一樣好。

婚禮前三天，我失眠了。

我偷跑去許叔叔房間，本來想對他惡作劇，但看著他熟睡的臉，我突然開始害怕他也會跟爸爸一樣，永遠醒不來了。

我開始回想爸爸的樣子，卻發現我好像快要忘記他了。記憶中爸爸的輪廓越來越模糊，模糊到和許叔叔的臉重疊也不違和。

我好想、好想再看一次爸爸的淡眉毛，於是就這樣鬼迷心竅的拿著電動刮鬍刀把許叔叔的眉毛剃掉了。

隔天媽媽發現許叔叔的眉毛，氣到差點把我拖去土裡種，媽媽追著我要揍我，我滿腹委屈，終於對她大吼：「我只是快要忘記

爸爸了！我不要跟你一樣忘記爸爸！你很自私！超自私！」然後，我指著許叔叔大吼：「你永遠！不能！當我爸爸！」

我媽聽到後哭了出來，然後繼續打我，沒想到許叔叔大聲喝止媽媽，說孩子想爸爸是正常的。

那是許叔叔第一次對媽媽兇，居然是為了我。

那天晚上媽媽跟我一起睡，我問她：「你覺得爸爸會祝我們幸福嗎？」

「會啊。」媽媽說，「因為我們也很希望他幸福啊。」我們說了好多爸爸的回憶。

之後我再也沒有搗蛋了，但我還是沒勇氣跟許叔叔道歉。

婚禮那天，主持人遞給我麥克風，要我祝福媽媽。眾多來賓盯著我看，讓我緊張得要死。

以前我上台表演時，爸爸都會在台下對我微笑。我下意識的在來賓中尋找爸爸的身影，卻遲遲找不到。

我冷汗直流，看向許叔叔。許叔叔的眉毛看起來超好笑，可是跟他對到眼的那一瞬間，我忽然徹徹底底的知道：**原本的爸爸再也不會來了。**

這種覺悟本來該是非常絕望的，但看著許叔叔，我居然開始該死的相信，這個嘴巴很臭、眉毛很粗、笑聲很吵的人會照顧我跟

我媽，我可能——我可能可以變得幸福了。

腦海中爸爸的笑容和許叔叔的重疊，模糊了我的視線。

爸，你最近幸福嗎？

我很幸福，因為我有新爸爸了。

對不起，可是我會努力記得你，會一直祝你幸福。

所以你也祝福我們幸福，好不好。

想到這裡我就無法克制的在台上大哭，我就這樣哭到口水牽絲、鼻涕冒泡、淚眼婆娑的對我媽說：「媽咪，祝我幸福。」

我講完後主持人笑場了，我想到自己講祝賀語還講錯，真的超丟臉，所以就繼續狂哭。還好來賓都熱烈的鼓掌，不然我看起來根本不像幫人講感言，反而像在幫人燒紙錢。

婚禮結束的隔天，許叔叔來接我放學，我們走了許久，要過馬路時，我才準備好要跟他道歉。

「對不起我把你眉毛剃掉。」

「我很高興啊。」

「為什麼？」

「因為這樣我才會跟我兒子很像啊。」

我正要反駁，但快要紅燈了，許叔叔牽起我的手，快步走向對

面，我不發一語，讓他牽著我繼續走。

許叔叔的手握起來跟爸爸不一樣，但一樣溫暖。

晚霞漸漸轉暗，天邊冒出幾顆星星，而路燈一盞盞的亮了起來，我好像有點明白幸福的意義了。

我牽著新爸爸的手，往回家的路上慢慢的走去。

這篇故事所對應的歌是〈祝我幸福〉，原創為楊乃文，在二〇二〇年由家家翻唱，與家家簽約的相信音樂邀請我為這首歌寫一篇故事。

故事裡，小主角面臨兩種「祝我幸福」的難題：
第一題，要回應媽媽的「祝我幸福」。
第二題，要告訴記憶中的爸爸，我沒忘記你，但也請你「祝我幸福」。

我希望這篇故事能和家家的歌達到對話的效果。
家家唱〈祝我幸福〉，而我的故事則討論聽到這句話後、令人煩惱的問題：「你對我說『祝我幸福』，那我該如何放手祝福你？」

這個問題是我寫這篇故事時的核心。
「祝我幸福」是「愛自己」，也是祝福自己所愛、自在去愛。

故事的主角是 Ruby，是一個非常嚴肅的、瘦小的大三女生。
討厭不成熟的男性，但喜歡花美男弟弟系的韓國男團。

我覺得我妹真他媽可以加入草帽海賊團、一起找寶藏，因為她超會找東西。

她已經是很稀有的、笨到驚人的笨蛋了，但她每次都能找到比她笨很多倍的男友。

例如上個月她和吸毒犯分手後，帶了一個不紅的 YouTuber 回家，向我們介紹，這是她的腦公。

我在她男友來的前天晚上跟她確認，這一任男友不會像上次的吸毒犯男友一樣，拉 K 拉到茫掉，大喊「我要去月球」後從我家陽台跳下去；也不會跟她某任邪教男友一樣，想要拿我媽的頭皮屑召喚慈孤觀音，才放心答應她帶新男友回來。

畢竟 YouTuber 算是公眾人物，應該聽得懂人話吧？

她的 YouTuber 男友會來我們家，是為了要拍一個「擁有輝煌過往的老人」的企畫，所以要採訪我外公，請他聊聊自己的輝煌過往。

我外公年輕的時候是知名的空手道教練，培育過無數體壇好手，所以我們家掛滿了外公歷年來獲得的匾額、獎盃、感謝狀。

只是三年前外婆過世後，他就得了阿茲海默症，開始忘東忘西，也漸漸認不出周遭的親朋好友。

很遺憾的，到了現在，他連我和妹妹都認不出來了，甚至這一

秒發生的事，下一秒就忘了。

他只記得自己當教練的那段黃金歲月，因為他就是在那時候遇見外婆的。

但這不影響我們和外公的感情，因為他得阿茲海默症之前就很寵我跟我妹，之後雖然不太認得我們，但總會笑咪咪的問我和妹妹是誰家的小孩，怎麼這麼乖，或是有沒有吃飽。

這份親情堅固到被他牢牢保存在潛意識內，也代表他沒有真正忘記我和妹妹，這讓我們更加珍惜外公了。所以每次外公又在說自己的空手道故事時，就算聽了七七四十九遍，我跟我妹還是直接聽爆，所以我妹的男友願意來關心外公，讓我很感動。

我以為我妹看男人的眼光終於進步了，甚至開始覺得對她有點愧疚，因為我最近很認真的在搜尋有沒有「妹妹跟伴侶太過愚蠢所以拖累家庭」的相關保險。

只是很不幸地，我的感動與愧疚，在我妹和她男友踏進家門的瞬間，立刻煙消雲散。

你們知道他男友怎麼進場的嗎？我妹舉著錄影用的手機在後面發出咪咪的白癡笑聲，她男友就這樣溜著滑板進我們家。

我本來在想要不要去廚房拿菜刀趕人走，但她男友看到我，立刻溜著滑板來跟我擊掌，喊著：「反穿男孩到誰家～ Rock ！」

結果沒擊好掌，他的手直接往我臉上巴了下去，還好我迅速閃開，而反穿男孩直接跌在我家客廳地板。

我妹找東西的能力依然優秀到不行，她找的新 YouTuber 男友不只看起來笨，還很賤。

我看到我妹沒拿著安全帽進家門，就問她是不是又弄丟了安全帽，她一聽就驚慌地說：「咦！齁唷！騎到一半就不見了蠟！」然後就衝了出去，家裡只剩下我跟外公，還有她的反穿男孩。

一切都過度荒謬到讓我不知做何反應，我看臉朝地、趴在地上的反穿男孩好像很痛，就好心的問他要不要緊，結果反穿男孩突然「轟」一聲跳了起來，對我大喊：「Bang ！整人 6combo 大成功！ 666666 ！」

然後他對著我妹遺留下來的手機大吼大叫：「First blood ！在別人家溜滑板成功！ Double kill ！藏女友的安全帽大成功！」接著他指著我：「Triple kill ！讓宅女以為我摔倒大成功！」

嗨嗨嗨反穿男孩！宅女不只以為你假摔，宅女還發現你在模仿反骨男孩，也發現你的腦被你當成大便拉掉了喔。

看著反穿男孩跳來跳去，我的白眼翻到頭頂，但基於我妹歷任男友們給我的磨練，我依然維持著基本的鎮定。

外公本來正在睡覺，聽到吵鬧聲便睜開眼，笑咪咪的問反穿男

孩：「妹妹的朋友來玩啊？」

　　反穿男孩聽到後，很嚴肅的跟外公說：「阿北，出事了阿北，我是警察，你們這裡有人犯罪！」

　　我外公聽了後，有點緊張的問：「怎麼這樣呢？誰犯罪啦？」

反穿男孩說：「報告阿北，是我犯罪！因為我偷走了你們的心！」

　　說完後，他又對著鏡頭說：「Quadra kill ！假扮波麗士大人成功！」

　　你們知道嗎？我現在根本不想打給波麗士大人來把反穿男孩抓走，我現在超想打給臺灣科學教育館或是木柵動物園，告訴他們「這裡有一隻腦袋還沒進化的小原始人在蹦蹦跳跳喔！」

　　這隻猴子吵死人。但我又想，如果外公能被採訪，一定會很開心吧？因為這是他最珍惜的回憶。而且說不定是我太嚴肅了，所以才無法接受 YouTuber 這種活潑的說話方式。

　　因此，我盡了最大的努力、和顏悅色的問反穿男孩：「所以你要開始採訪我外公了嗎？」

　　反穿男孩好像大腦塞了跳蛋一樣，很高興的說：「遵命！開始拍！」他很有架勢的擺好手機，扶著搞不清楚狀況的外公坐好，一改活潑的屁孩聲音，用專業、低沉的口吻問外公：「阿北，你願意講講自己的輝煌過往嗎？」

　　外公看起來很期待，問我：「這是記者在採訪呀？」

「很像啦，像在做節目一樣。」雖然反穿男孩很屁，但我想到外公能夠讓更多人知道他的故事，也有點感動了。其實反穿男孩也不壞嘛。

只是外公都準備好要開始講了，反穿男孩卻沒有動作。他只是用非常嚴肅的神情看著錄製畫面，一句話也不說。

看到他這樣，我也不敢輕舉妄動，接著，等到外公快要睡著了，反穿男孩又重新問外公，讓外公驚醒：「阿北，你願意講講自己的輝煌過往嗎？」

外公嚇了一跳，但他早已忘記剛剛發生的事情，所以他又問：「現在是有記者在採訪我呀？」

我感到疑惑，但我還是很有耐心的告訴外公：「是有在做影片的人在採訪你喔，像電視節目一樣啦！」

但外公再度準備好要說故事了，反穿男孩也再度靜止不動。

隔了一陣子，反穿男孩又問了一樣的問題，然後外公準備好，他又一樣沉默……我們重複到第五遍時，我終於打斷他：「不好意思，但你到底有沒有要採訪？」

反穿男孩突然靜默，然後又突然大喊：「Penta kill ！！！」

我嚇了一跳，昏昏欲睡的外公也嚇得倒抽一口氣。反穿男孩對著鏡頭大喊：「大成功！惡整癡呆老人第一步成功！」

他像隻換氣不過來的猴子一樣吱吱吱吱的大笑大叫：「阿北真

的有老年癡呆欸！阿北，出事了阿北！」

我這才反應過來，他根本沒有要採訪外公，他只是利用阿茲海默症容易忘記事情的缺陷來惡整外公而已。

我氣到不行，立刻拿起手機傳訊息給妹妹，想告訴她她的畜生男友在鬧外公，但我還沒打完字，反穿男孩就開始脫外公的襪子。

我見狀後立刻大聲質問他：「你要弄我外公幹嘛？」

反穿男孩邊脫外公的襪子，邊用很油條的語氣說到：「欸～這個妹妹問得好喔！」他對著鏡頭，擠出該死的醜笑臉：「接下來，反穿男孩要帶大家藏阿北的襪子，看阿北能不能戰勝老人癡呆症！」

他說完後放下手機繼續脫：「阿北今天到底能不能讓我得到 Hexa kill 呢？」

Kill 三小？是在 Kill 三小？

看著這個原始人在耍憨，我的憤怒像是史前火山一樣爆發了。

看著外公被狠狠的欺負，我心疼的流下眼淚，衝上去捶打反穿男孩，大聲尖叫：「幹你娘出去！幹你娘出去！出去！欺負我阿公！幹！你給我出去──」

我拿起反穿男孩的手機往地上摔：「出去，幹，出去！」

反穿男孩看到手機掉了立刻變臉，他大喊：「衝三小？開不起

玩笑喔幹？你在衝三小？」他說著就開始推我的肩膀，這次我閃不過了，整個人跌坐在地上。

反穿男孩重新架起手機，往我這邊撲了過來，他的噁爛笨猴掌重重的打在我的胸部上。

「Hexa kill！盆栽要剪，女人要扁……」隨著我痛得大哭起來，反穿男孩得意洋洋地喊著仇女爛梗。

幹，才一拳就這麼痛，下一拳我會不會被打死？

但反穿男孩的下一拳遲遲沒有落下。

因為有人抓著他的拳頭。

是外公。

外公用右手掃落反穿男孩的髒手，反穿男孩還在震驚，外公的左拳立刻砸向他的猴臉。

「操你奶奶的小狗崽子！」那瞬間外公的氣勢、精神以及靈敏的身手又回來了，而且比以前還要更加凶猛。

反穿男孩正要用腳踹外公，外公少了一隻襪子的腳立刻使出掃腳技，反穿男孩立刻跌坐在地上。

「你奶奶的！」外公踹了反穿男孩的肚子，反穿男孩的慘叫變

成痛哭，「敢打我家丫頭，我操！」反穿男孩捧著肚子時，外公的腳早已埋入了他的臉，「我打到你奶奶認不得——」

　　我還處於震驚之中，外公早已持拳站定位，反穿男孩也狼狽的站了起來，忍著痛、佯裝著調皮又不輸的酷酷微笑，舉著錄影用的手機，說：「哇真的出——」

　　還沒等到反穿男孩說出完整的「出事」，外公早已出拳，拳頭筆直的落在反穿男孩的胸口，好似將這幾年遺忘在記憶深處的力氣全都放了出來，而反穿男孩真的因為阿北出事了。

　　他失去了惡整老人的調皮還有從容，倒在地上嗚嗚嗚的哭，像極了吃到自己大便的吉娃娃。

　　外公銳利的瞪了在地上抽泣的反穿男孩一眼後，轉頭正要對我說話，我就看到反穿男孩又突然跳了起來，露出不服輸又憤恨的微笑：舉著拳頭要往外公身上砸去。

　　他的智障騙人小舉動實在是太賤又太快了，我還來不及大喊「小心」，反穿男孩的拳頭就已逼近外公的後腦勺。

　　我惶恐的睜大眼睛，但就在我眨眼那一瞬，外公的腳早已踹中反穿男孩的臉，當反穿男孩的鼻血以及口水噴出來時，我才知道外公早已讓反穿男孩吃了一記迴旋踢。

　　接著外公的左手朝反穿男孩的臉上攻擊，痛得失去理智的反穿男孩大喊「嘎呀呀伊呀」、舉起雙手要攻擊外公，不料外公的腳

又狠狠踹中他的懶覺，反穿男孩登時像是喝到雄黃酒的花栗鼠精一樣痛得尖聲哀鳴。

這次的反穿男孩應該是真的痛到不行，他嘻皮笑臉的五官早已變得扭曲不已，但外公連倒地的機會都不給他，反穿男孩一想要後退、一想要往旁邊倒，外公就會迅速利用反穿男孩的姿勢來進行攻擊。

我欣喜的看著這個不停重複惡整老人的屁孩正在被他最輕視的老人反覆痛毆。

反穿男孩連求救的機會都沒有，因為他一想喊、外公的下一拳或下一腿就落在新的要害上，讓他不停為了新的痛楚而哭嚎。

在這個下午，外公的四肢化成了懲罰屁孩的凶狠武器。

揮拳、踢腿、旋身、掌劈之間，那個擁有輝煌歷史的男人，又在奔騰的歲月中寫下燦爛的一頁。

等外公停下來喘氣時，反穿男孩才有機會抱著滿是鼻血的臉大聲痛哭。

他一邊被自己的鼻涕嗆到、一邊卑微的說：「阿北……大哥……大哥不要再打了……讓我找我的牙齒……嗚嗚嗚我的牙齒掉了……嗚嗚嗚嗚不要打了……」

我跑上去檢查外公有沒有受傷時，我妹剛好買了一頂新的安全

帽回來。她驚呼著：「鼻鼻，鼻鼻，你怎麼了？」

如果老實解釋給我妹聽，她一定不可能聽懂，我只好指著地板上的滑板騙她：「他剛剛在這裡玩滑板，然後跌倒了。」

外公停止喘氣，再度傻楞楞地看起了電視，只剩下一張臉仍然通紅。

我指著外公的臉，跟我妹告狀：「他根本沒在拍影片，他剛剛一直欺負外公，把外公的臉弄成這樣。」接著，我裝出哭腔大喊：「而且他剛剛抓我的奶！」

我妹聽完，立刻憤怒的喊著：「鼻鼻你怎麼可以這樣！」然後衝上去痛毆反穿男孩。

我忘記說，我妹也繼承了外公的空手道。

當我妹用突技、打技、踢技懲罰反穿男孩時，我聽到了反穿男孩大喊：「牙此掉惹、雅此道惹（牙齒掉了，牙齒掉了）。」

為了怕我妹心軟，我大喊：「妹，他還亂藏外公的東西！」我妹一聽完，立刻給反穿男孩一個過肩摔。

反穿男孩下次應該能去醫院拍 Vlog 了。

心情大好的我，對外公比了一個讚。

今天的這一切好像活化了我外公的腦細胞什麼的，或是我的外公沒有真的呆掉。因為我看到——我發誓我真的有看到——外公也很高興的回比了一個讚給我看。

　　只是，當妹妹終於揍完反穿男孩、轉過來關心外公哪裡還在痛時，外公立刻又恢復為癡呆的樣子，好像在進行什麼天衣無縫的整人挑戰一樣。

網路上有太多「惡整老人系列」的影片，颳起了一陣「消費自己家中老年長輩譁眾取寵」的噁臭旋風，這篇故事獻給那些忘恩負義的啃老小畜生。

過動七號

過動二號

故事的主角是過動二號與過動七號。
二號應該是那種很瘦、跑得很快、皮膚很黑的小孩;
七號是個還算可愛的小胖子,有暴牙。
會用代號代稱,是因為許多人都把過動兒當成罪犯,
替他們安上了監獄編號一樣的代號。

輔導室的十位過動兒名單中，最吵的是九號，年紀最大的是六年級的一號。

　　表現最好的是二號，也就是我；而最可憐的是七號。因為七號的班導，鄭老師，非常非常痛恨過動兒。

　　七號偷偷跟我們說過，鄭老師為了要避免他和同學吵架，所以一直在班上強調：「靠近過動兒就會被傳染過動症，會退化成猴子。」因此，所有同學都不敢接近七號，甚至仇視他。

　　但，沒有人相信七號會被如此對待，畢竟所有大人都覺得過動兒只會亂講話。

　　原本七號有點胖、很愛生氣，也很愛哭。但某天他的爸媽帶他去看醫生，他吃了一種叫「聰明藥」的藥，不僅成績進步、也不再亂發脾氣，甚至還變瘦了。

　　我們本來都很羨慕七號可以吃聰明藥，因為我們的爸媽都不准我們去看醫生，他們都說看醫生就是承認自己有精神病。

　　不過我們沒有羨慕太久，因為三年四班的小孩看到他變聰明後，就開始偷他的藥吃。結果那些偷吃藥的小孩出現心悸反應，導致他們的爸媽來學校興師問罪，鄭老師為了要推卸責任，立刻說是七號拿著聰明藥到處炫耀。

　　七號回家後被毒打一頓，再也不能吃聰明藥了。從此七號過得更糟，每天在學校被打、回家也被打，根本沒人相信他的話，因

為所有人都認定他是該死的、跟猴子一樣下賤的噁爛過動兒。

雖然我們這些過動兒都被說成是沒有思考能力的猴子，聚在一起更是吵死人，但我們都非常重視彼此。

聽到十號被這樣對待，除了我之外的其他過動兒都憤恨的想報仇，七號還宣布，如果報仇成功，那他就把藏起來的聰明藥分給大家吃，讓大家一起變聰明，得到超能力。

我也想吃聰明藥，但身為表現最好的過動兒，我決定像情緒管理課說的，生氣之前先溝通。

我決定跟鄭老師溝通看看。

隔天我不顧其他過動兒夥伴的阻止，主動找鄭老師解釋七號的狀況。我說我是七號的過動兒朋友，並用最有禮貌的樣子告訴鄭老師，七號的聰明藥是被偷吃的，不是他主動拿出來的，請鄭老師跟七號爸爸媽媽說出真相。

我還補了一句，我也是過動兒，但我並不會搞亂。

鄭老師聽完，直接像胸罩著火一樣大吼大叫，要我在她們班罰站罰到上課，還跟她們班介紹，我是五年級的過動兒，我的智商已經退化成猿人了，我只會哭，不能分辨對錯，不能思考。

三年四班的小孩看著我，像看到動物一樣放聲大笑，而我果然哭了。

鄭老師要我轉一圈，給他們班的小孩欣賞過動症到五年級還沒好的樣子有多可悲，才放我回到班上。

我臨走前，七號還在被懲罰拿漱口水重複漱口，因為鄭老師覺得他到處亂講話，要洗嘴巴。她還叫七號自己漱完自己倒掉，因為沾到他的口水會得過動症。

我永遠無法忘記七號邊漱口，邊被漱口水嗆到咳嗽的樣子。

回到班上，我怕大家以為是我又過動跑去闖禍，所以說自己拉肚子拉到哭，引來全班的嘲笑。

我沒有反駁，只是在台下輕輕的揉著腿上的疤痕。

我是過動兒中表現最好的，那是因為四年級時，爸媽因為我過動的問題差點離婚之後，每次在上課到一半，我只要想笑、想說話、想走動，就會拿圓規用力戳自己的大腿。

慢慢的，我從不敢講話，再變成不敢交朋友，原本我最愛跑步，我現在也不敢跑了。我怕自己一動就會過動，我一過動爸媽就會離婚。

從來沒有大人發現我會戳自己大腿，他們只會說我稍微變好還不夠，成績更好才是好。

我的大腿快要被戳爛了好痛好痛好痛好痛，
也沒有大人發現；
七號被你們這些智障弄到快死掉了好痛好痛好痛，
也不會有人發現！不會發現！
就算發現了！也不會在乎！你們不會在乎！
你們不會知道！
我們好幾次好幾次好幾次想要改變自己！
但是我們花了好大好大好大的力氣也控制不住自己！
我們想求救！你們就不讓我們看醫生！
還說我們沒有病！我們只是犯賤！只是皮！
可是你們一天到晚都覺得我們有病！說我們有病！
說過動症會傳染！過動症只會欺負人！
過動症是麻煩！
過動症長大會殺人放火！
欺負人麻煩長大殺人放火！
欺負人麻煩長大殺人放火！
欺負人麻煩長大殺人放火！

我掉著眼淚，並聽到隔壁有人偷偷的說：「我弟說過動症會傳染。他們班的鄭老師說的。」說完，還偷偷看了我一眼。

既然為了大人而專心，大人也保護不了我們，那我就做一些大人們眼中、過動兒會做的事情吧。

隔天午休時間，是全校三年級老師的開會時間，所以鄭老師不會在班上。

我帶著漱口水、量杯，以及裝滿水的大垃圾桶進入三年四班。

所有小孩看到我都愣住了，然後他們像長得很醜的小雞一樣啾啾啾的對我叫著：「五年級的過動兒！五年級的過動兒！走開！走開！」

我在這片噪音中走上講台，要七號上台漱口，然後把漱口水呸進水桶裡。三年四班的小孩立刻驚恐的大叫「好噁心好噁心好噁心。」但沒人敢動我們。

等七號把漱口水呸進去後，我大聲宣布：

「這裡面有七號的口水！裡面有過動兒病毒！過動兒會傳染！」
「被過動兒病毒水潑到的人！都要得過動症了！」

還不等七號班上的三年級小白癡叫出聲音，我就把水桶的水倒在教室地板上。

所有小孩開始逃竄，但我早已拿起旁邊的量杯撈著「過動兒病毒水」往那堆死小孩身上狂灑。

　　那群笨到以為真的會被傳染過動症的死小孩先是尖叫、接著逃竄，後來他們發現自己身上沾滿過動兒病毒水後，就倒在地上像剛上岸的醜比目魚一樣扭來扭去，哭著尖叫：「不要過動症不要過動症！」

　　有好幾個小孩去水龍頭脫下衣服狂沖自己的身體，其他小孩看到後有樣學樣，我直接拿著剩下的過動病毒水朝他們灑去。

　　屁孩們又被灑了一次、精神直接崩潰，他們一邊跺腳大哭，一邊往四面八方瘋狂逃竄，重點是有些小畜生還沒有穿上衣。

　　等到那群愛歧視人的三年級屁孩都變得像喪屍一樣失去自己時，我終於從暴怒中平復過來，開始狂笑。

　　我本來要跟過動兒七號擊掌，但七號好像快哭出來了。

　　「過動兒真的這麼可怕嗎？」七號問，「他們為什麼要一直尖叫？」

　　「鄭老師一直亂講話才可怕好不好，還有你們班的白癡聯合起來搶你的聰明藥，也比過動症更可怕啊。」他們實在是太蠢了，我還是無法停止狂笑。

　　突然，我想起我的聰明藥酬勞：「欸，那你聰明藥要記得給我們喔？」

「其實聰明藥不會變聰明，不會有超能力，對不起。」我一問完，七號就開始哭，「醫生叔叔說它叫利他能，吃了只會變專心而已。可是、可是——」

「算了啦。但我們不用吃也有超能力啊。」我恢復笑容，看著那群滾來滾去的小白癡：「我們變出了過動症魔法水欸？」

說完，憤恨又詫異的鄭老師出現在門口。

事情到了這個地步好像也不用再解釋什麼了，所以我把剩下的過動藥水全潑在鄭老師臉上，然後拿著燒杯用力地往鄭老師的鼻梁砸去。

後來鄭老師一邊發瘋似的打我們，一邊把我們抓到學務處。我和七號的爸媽都來了，其他過動兒也全都主動跑了過來。

我們幾個像稱職的過動兒一樣，大哭大吼著說了七號的藥被偷、被鄭老師虐待、鄭老師說過動症會傳染，還有我被抓去表演過動秀的事情。

我以為我又會被打，但我讓爸媽看大腿上的傷痕時，平常好面子的媽媽抱著我痛哭，而七號還來不及給他爸媽看鄭老師打他留下來的傷口，他爸爸早已衝上前，朝鄭老師的鼻梁又揮了一拳。

後來，我終於如願的吃到聰明藥。

吃聰明藥沒有讓我變聰明、也沒有讓我得到超能力；可是我做

到好多以前不自殘就做不到的事。

我從來不知道安靜的坐著也是生活的樂趣，也不知道我可以專心的讀完一本書、安分的上完一堂課。**做到這些事情的感覺，比得到超能力還棒。**

鄭老師被告了，好像這輩子再也不能當老師，而我跟七號轉去不同的學校。

我又敢放心的跑步、交朋友，也不怕鬧事了。七號和我分別前還跟我約好，要變成很厲害的過動兒。

我覺得很有趣，問他什麼樣才是厲害的過動兒？

他想了想，告訴我：「厲害的過動兒就是，可以跑步，也可以講話，而且不會因為跑步跟講話被老師罵。」

分別後過了幾年，我漸漸忘記七號，聰明藥也開始慢慢的失效了，因為到了現在，我開始知道如何不吃藥就能控制自己。我又愛上了跑步，還參加體育班。

今年，我代表臺灣參加世界大學運動會。記者問我是怎麼堅持跑下去的，我突然想起「跑步講話不被罵」的約定，還想起過動七號。

後來的採訪我有點分心，因為我一直想起七號的樣子。

厲害的過動兒就是，可以跑步，也可以講話，而且不會因為跑步跟講話被老師罵。我這樣是厲害的過動兒嗎？

　記者會結束後，我立刻在臉書上搜尋七號的名字。我在同名同姓的數個帳號中搜尋著，終於看見七號熟悉的笑容。

　我按下交友邀請。
　想告訴他，我達成約定了。

本文獻給每個曾因過動症而受苦的孩子，還有每個惡意虐待特殊生的老師。

輪到
誰拖地
？

故事的主角是一對姊妹。

妹妹叫做來福，因為很喜歡狗，也活得像狗。

我很小心的、再三檢查日曆上的行程表，確認自己今天不用洗衣服、不用刷廁所、也不用拖地，也確認姊姊還在睡覺，才小心翼翼的拿起保濕用的化妝水進行妝前保養。

我不敢再用手機來記行程了，上次忘記檢查手機記事本，結果忘記要洗姊姊上班用的襯衫，那天晚上姊姊嚎啕大哭的聲音響徹整個客廳，我被她甩了好幾個巴掌後向家人輪流磕頭，求他們放過我、讓我回房間趕明天要交的期末報告。

爸爸一邊洗姊姊的衣服一邊臭罵我：「養你到底幹嘛，連這個都做不好。」媽媽則在房間抱著姊姊唱搖籃曲，直到姊姊入睡為止。

我爸媽是屬於大驚小怪的那種白癡家長。

我姊有嚴重的公主病、又容易情緒崩潰，我又是屬於比較奴性的邊緣人，不愛花錢、不敢吵架，所以我姊就會知道她可以命令奴性堅強的我，如果我反抗了她就會崩潰，她一崩潰爸媽就會站在她那邊。

這樣的惡性循環讓我在家活得像個畜生，還得了憂鬱症。

但，今天是我滿心期待的、要跟曖昧已久的學長一起跨年的夜晚。

學長是我悲慘人生之中唯一的好事。我小心翼翼的化好妝、準

備出門，姊姊突然醒來了，她打開房門，要我幫她拖地。

我苦苦哀求她放過我，今晚我有非常重要的事情，可不可以明天再幫她？明天開始我願意天天幫她做所有的家事。

但她對我崩潰咆哮，說今天必須要幫忙她拖地，因為沒人約她跨年，她覺得沒有人願意善待她。

我跪著求她，一直磕頭，但她仍然對我用力尖叫：「我們是家人！家人！」

她就這樣歇斯底里的對我又踹又打，我被她打得頭昏眼花。

她打了快一個小時後終於停手，跑去廚房裡大聲的翻來翻去，可能是打到口渴了吧。

我鼻青臉腫的爬起來後，撿起我飛出去的手機，發現有十幾通未接來電，都是學長打的。

我正要回撥給學長，卻發現姊姊發出嘻嘻嘻嘻的喘息聲與怪笑聲，手裡拿著刀。

我看見姊姊手上的刀子朝我臉上揮了過來，接著我的整張臉被蝕心嚙骨的劇痛吞噬。最後，我的眼前一片黑暗。

我就是這樣被毀容的。

在醫院我試圖自殺無數次，但都被醫生搶救了下來。

媽媽哭著抱著我說，她希望她的兩個女兒能相親相愛，我不能

死，我要堅強，我要照顧姊姊。而每當她說完這句話，我就會想辦法自殺。

最後我被送進精神病院，每天四肢都被綁著，吃東西、上廁所都有人管，再也無法自殺了。

爸媽在我昏迷時說我的臉是我憂鬱症自殘來的，所以姊姊沒有受到任何處罰。

我出院已經是一年後的事情，家裡沒變，只有我的房間凌亂不堪，積滿了灰塵。

我被學校退學，也封鎖了所有朋友，包括那個無法與我跨年、以為我放他鴿子的學長。

爸媽丟下我後，就匆忙去外面拿姊姊指定要吃的披薩了。

家裡只剩下我，跟那個把我毀容的兇手。

我愣愣的看著這個毀了我人生的魔鬼，這個戴著厚框眼鏡、不愛洗頭、房間掛滿追星海報的魔鬼。

然後魔鬼理所當然、不帶愧疚的拿起碗丟到我腳邊，頤指氣使的說：「欸，不要發呆，去拖地啊。這幾天都是爸爸在拖欸，不孝女。」

我拿起了拖把，然後去照了鏡子。

鏡子裡的我已經像個怪物。我的臉上有好幾條又粗又醜、宛如

噁心蚯蚓的疤痕。

接著我奮力的砸碎鏡子，捏著碎片往魔鬼的臉上刮，魔鬼倒在地上發出尖銳的哭喊，我走進廚房，將滾開來的燙水淋在魔鬼的臉上，然後拿起剩下的碎片瘋狂的、用力的刮著魔鬼臉上已經被燙到起水泡的爛肉。

魔鬼不停的哭叫，我才突然感受到了活著的意義與滋味。

把血肉模糊的魔鬼掐暈後，我開始拔她的指甲以及牙齒，魔鬼就這樣被痛醒再被痛到暈過去。

她的血流滿了客廳，我邊拔她的指甲邊大聲的唱歌──就是過去媽媽在姊姊又哭又叫的打完我後、哄著她入睡時唱的搖籃曲。

最後，處理完這一切之後，我拍下了魔鬼面目全非的樣子、傳到我們的家庭群組。我的手機立刻粗暴的響了起來。

是媽媽。

然後我走出家裡，按下電梯按鍵。

電梯的門開了。

我搭電梯來到了頂樓，接起我媽的電話。她在電話那頭又哭又叫。

你為什麼不懂跟姊姊相親相愛你為什麼不懂跟姊
姊相親相愛你為什麼不懂跟姊姊相親相愛你為什麼
不懂跟姊姊相親相愛你為什麼不懂跟姊姊相親相
愛你為什麼不懂跟姊姊相親相愛你為什麼不懂跟姊
姊相親相愛你為什麼不懂跟姊姊相親相愛你為什麼
不懂跟姊姊相親相愛你為什麼不懂跟姊姊相親相
愛你為什麼不懂跟姊姊相親相愛你為什麼不懂跟姊
姊相親相愛你為什麼不懂跟姊姊相親相愛你為什麼
不懂跟姊姊相親相愛你為什麼不懂跟姊姊相親相
愛你為什麼不懂跟姊姊相親相愛你為什麼不懂跟姊
姊相親相愛怎麼辦你要怎麼負責怎麼辦你要怎麼負責
怎麼辦你要怎麼負責怎麼辦你要怎麼負責怎麼辦你要怎
麼負責怎麼辦你要怎麼負責怎麼辦你要怎麼負責怎麼辦
你要怎麼負責怎麼辦你要怎麼負責怎麼辦你要怎麼負責
我把手機放在頂樓的平台然後爬上平台風好大我差
點被吹了下來但我還是很堅持的爬了上去然後我看了
一下下面好高我應該不會壓到人所以沒關係哈哈哈哈
哈哈哈哈

我從頂樓跳了下去。

明天終於換姊姊拖地了。

本文獻給關係不正常的手足以及過度偏心的失格父母。

脆脆的高麗菜

故事的主角是米漿。雖然長得有點醜，
但因為很自信又很有擔當，所以給人感覺還不錯。
綠茶是那種膚色黝黑的健康型美女，
但她總是會擦過白的粉底。

「蔡家麵疙瘩」的招牌改成「麵疙瘩里島」的那天，我下定決心要辭職。

高中起我就在臺北市東區的「蔡家麵疙瘩」打工，老闆夫婦非常照顧家境清寒的我。

我讀大三時，夫婦倆決定要退休，所以讓學成歸國的獨生女接手這家店。

我私下都叫他們的獨生女綠茶，因為她就是完完全全的綠茶婊網美，而好死不死，我最討厭的就是網美。

從小窮到大的我，覺得人活著最重要的就是踏實，但偏偏綠茶根本不踏實，她整天只會踏著恨天高跟鞋、頂著一頭詭異的亞麻色捲髮和超厚的妝，再裝出超嗲的聲音，拿著鑲滿白癡水鑽的iPhone開直播，對著她那兩萬粉絲發出額額額河河河河叭叭叭叭的尖銳笑聲，讓人有股衝動想把她塞回芭比塑膠盒裡。

更糟的是，她一來就大刀闊斧的把溫馨的小店改成峇里島風格，連店名都改成「麵疙瘩里島」，更在寬敞的店裡塞了一堆礙眼的峇里島擺飾。

熟悉的溫馨小餐館變成可怕的網美大會館，我怎麼能不氣？你能想像酸辣湯麵疙瘩被加上粉紅色的色素，上面還放愛心形狀的香菜，菜名還叫「星空咩噗美人魚」嗎？

無奈綠茶真的有兩把刷子，做事快、點子多，「麵疙瘩里島」的生意也蒸蒸日上，甚至在網路上爆紅。

綠茶私下和我討論店內事務時，是個頭腦靈光的人，但她每天都會裝出無腦的樣子，和她那四處亂竄的網美朋友一起發出「寶你好美」的尖銳無腦蛙鳴聲。

在 IG 上的打卡照中，她們每個人都把自己修得像天使、把對方說得像家人，這家常常被弄髒的荒唐網美麵疙瘩店，看起來也像個陽光燦爛海景明媚的峇里島，宛若人間仙境。

但用謊言堆積出來的仙境，才是真正的地獄。

有時候打烊了、店裡只剩我跟綠茶，我會看見綠茶一個人偷偷的掉眼淚。

某一天，兩個跟綠茶很要好的肥網美來我們店裡大吃大喝，還差點把我們的峇里島風格吊床弄垮。

更糟的是，她倆要付錢時，長得像河馬的網美一邊拿著鏡子補妝一邊說沒錢，但可以用「在這邊打卡」來換飯錢，因為她們是超有名的網美。

另一個長得像河豚的網美則是發出「我們可以用公眾人物的身分幫你們代言啊幹嘛收錢？」的囂張宣言。

因為她們真的點了太多吃的、還點最貴的，又堅持不付錢，所以我忍不住和她們吵了起來，結果綠茶也嗲聲嗲氣地加入了。

我以為綠茶又會跟上次一樣姊妹好美寶貝好美的跟她們說說笑笑，但沒想到綠茶聲音雖然很嗲，但邏輯超清晰，還在做作的客

套話中酸了河馬跟河豚幾句，講到最後河馬河豚完全無法反駁，只能氣嘟嘟的對她喊「你這樣會沒朋友！」

結果這好像截到綠茶的痛處，綠茶臉色一變，當場用超粗超低沉的宏亮聲音爆罵了一句：「拎良雞掰啦你就是白吃白喝啊。」

她講完之後全場震驚，連我也嚇到不行，我看到了好幾支黏滿白癡水鑽的手機舉起來錄影，而河豚跟河馬順勢假哭著逃了出去，而錢，還是沒付。

結果綠茶也立刻發出超嗲的哭聲開始假裝抹眼淚，其他網美立刻上來圍住綠茶，連聲說道：「寶不要哭，寶你好美。」再舉起手機一起自拍一張。

我才剛以為網美們長得像塑膠但是友情是鐵打的，結果自拍之後有某個看起來像塑膠的網美說她們這些好姊妹都可以幫忙代言我們的店，所以這一餐能不能讓綠茶請客？

綠茶面有難色的嗲聲說不行，其他網美立刻臉色大變，像夏夜共鳴的青蛙一樣發出「傻眼傻眼愛計較」的娃娃音，然後把錢丟在地上全都走了出去。

隔天我們店面的網頁、綠茶的社交平台全部都被一片罵聲淹沒，我才知道河豚河馬露著胸部在鏡頭前痛哭著說自己在「麵疙瘩里島」受盡折磨；而其他跟綠茶互相說「寶貝好美」的網美們開始爆料，還越爆料越誇張，從餐點不乾淨、到客人會在廚房打

砲都有。

在謠言的攻擊下，所有工讀生都逃離了這個網美珍珠港，搞得蔡老闆娘還偷偷的打給我，懇求我別離職。

她說綠茶會這樣子，就是因為以前行為打扮都太像男生又跟男生太好，被班上女生排擠到休學，才會去國外念書。她在國外就一直努力的在學習怎麼變成人緣好的可愛女生，才會變成這樣。

這樣的結果就是：她人緣變好了，每天都有網美喊著「寶貝好美」然後吃霸王餐，重點還盛氣凌人。

我看著綠茶對一個個網美鞠躬、端盤子，互喊「寶你好美」然後被挑小毛病，最後再道歉說自己不收錢，和那些白吃白喝吃飽喝足的網美合照，中間還要應付來挖八卦的記者，並對著攝影機再道歉一次，道歉後再迎接新的網美。

我很想叫網美們全都滾出去，但這間店其實也不是我開的，而且我已經下定好要辭職，所以想想也就算了。

當我下定決心要遞上辭呈的那天，河馬和河豚又找上門，而且是打烊後才來。

一看到她們，綠茶立刻要我上前鞠躬哈腰，我彎著腰想著辭職時要用簡訊還是 LINE 時，就被河馬還有河豚高音頻的酸言酸語給震懾住。

她倆一邊錄影一邊發出高頻率的矮額矮額，整隻腳還踏在桌子上拍照，真的是幹你娘。

河馬與河豚得意洋洋的說要來拍 Vlog 影片，探索東區評價最低的餐廳。河豚還笑咪咪的說，如果今天讓她們滿意、並支付該有的酬勞，她們就可以在影片中讚美我們幾句。

　　我超想衝上去給海扁她們，但河馬河豚早已搶先開始錄影，綠茶立刻像狗一樣在攝影機前說「寶貝好美」。

　　我想著這是最後一次了，壓抑著怒火上菜。很多菜河豚河馬只吃一口就不吃了，再不然就是吃到剩一兩口就胡亂說這個菜有問題，要我們再做一份。

　　她們一律用「高麗菜不脆」來當成換菜的原因，然後看著鏡頭尖叫：「傻！眼！貓！咪！」

可是，幹！有些她們要我換的菜！根本沒有高麗菜！

　　河馬河豚到了深夜還在錄影、點菜，我也快要爆發。

　　她們又要求換菜時，我的理智線斷裂，直接把高麗菜整顆拿出來，掰下了一片在她們面前嚼。

　　我臭著臉說：「很脆啊，你們夠了吧。」

　　我以為她們會因此感受到自己的荒謬或是徹底閉嘴，她們卻發出無恥的歡呼聲。

　　「傻眼！不夠脆啦！再吃啦哈哈哈！」河豚嘻嘻嘻的笑。

「欸叫他不要一片一片吃啦，要整顆吃，傻！眼！貓！咪！」河馬像個公主一樣的提議。

「對啊！傻！眼！貓！咪！」河豚撥弄自己的大旁分棕髮。「欸我想叫店長來！傻眼！高麗菜不脆欸！傻眼！」

「寶貝怎麼了啦！我來了等我一下喔！」綠茶飛奔過來端起高麗菜，擠出了燦爛的笑容：「真的很脆啦，還是我切高麗菜給你們看好不好？真的很脆喔！」

我憤恨地看著綠茶。

幹，夠了沒有？到底要卑微到什麼時候？

但綠茶無視我的憤怒眼神，只是踏著高跟鞋，滿面笑容地去廚房拿了高麗菜和菜刀走了出來。

「我現在要切囉！」綠茶擺好高麗菜，舉起菜刀，很開心地對著鏡頭微笑。

「傻眼，她好像馬戲團的猴子欸傻眼！」河豚雀躍尖叫。

綠茶拿著切下高麗菜的第一刀。咚。

「寶貝你看！是不是很脆呀？」高麗菜的聲音好脆。綠茶的聲音好嗲。

「你要吃看看脆不脆啊。」河豚的聲音聽起來更嗲。

「欸你好可憐喔，你會不會討厭我們呀？傻眼！」河馬發出喔咿喔叭叭的噪音。

我以為綠茶又要說什麼委屈自己的屁話，但她沒再回應了，只是手上切高麗菜的速度越來越快。

咚、咚、咚。

「她不理我們欸？傻爆眼哈哈！」河豚補刀。一樣很嗲。

我瞪著綠茶，綠茶的笑容沒了，而她的菜刀動得更快了。

咚咚咚。

「欸她生氣了哈哈，玻璃心哈哈。」

大家，包含我都以為綠茶會再抬起頭，用很嗲的娃娃音道歉，但是沒有。

咚、咚、咚、咚、咚、咚、咚。

巨大的菜刀聲在小小的粉紅的網美餐廳迴盪。

餐廳中的我們嗅到了一絲詭異，但沒人敢說話。

擺在我們前面的整顆高麗菜早已變成了絲，切高麗菜的綠茶依

然不發一語。

咚咚咚咚咚咚咚咚、咚咚咚咚咚咚咚咚咚咚！

咚。

　菜刀聲停了，綠茶把高麗菜絲全部塞到嘴裡，面無表情的咀嚼著，綠色的汁從她的嘴裡流淌下來，而我們早已目瞪口呆。

　但我們沒有驚訝太久，因為綠茶嚼完菜，直接扯著河豚的頭髮，把高麗菜全部呸到河豚臉上。

　那瞬間我們安靜得像田裡的高麗菜，然後綠茶終於笑了，用粗到不行的聲音吐出了第一句話。

「真的好脆喔。」

　河豚最先回過神來，開始用力的尖叫。

　高麗菜味與哭喊聲，在小小的餐廳裡爆炸開來。

「夠脆嗎？回答我。」綠茶的聲音終於有情緒了，完全、憤怒的、直男情緒。

「回答我！！」綠茶厲聲嘶吼，她抓起另一顆高麗菜坐在河馬

河豚的旁邊，用力拿菜刀終極大爆剁，河馬跟河豚像是角落醜生物縮在角落。

「為什麼不回答我脆不脆！！！」綠茶拿著沾著菜沫的菜刀拍著河豚的臉，河豚已經嚇哭，發出「額額額額額額額額額」的哭聲。

又一顆高麗菜在綠茶的手中變成菜屑，而她「脆！不！脆！」的狂叫聲則依舊狂野。

「脆不脆！脆不脆！到底脆不脆！」

綠茶一手拿著菜刀對著河馬河豚，另一手則是捧起高麗菜絲往放聲大哭的她們嘴裡塞。

河豚站起來掐住綠茶，而我直接衝上去用力把河豚的頭髮往後扯，而綠茶早已丟了菜刀，用力的甩縮在角落的河馬巴掌。沒想到打到最後，我聽到綠茶邊哭邊叫的聲音。

雖然她還是奮力的爆打著河馬，但她的哭叫聲非常淒厲：「你們為什麼要這樣弄我！我做錯了什麼！」

結果河馬正要回答，就被綠茶繼續甩巴掌。接著綠茶挖起峇里島的沙子飛撲到河豚身上，開始狂抹她的臉。

「寶你好美！你這樣超美！」

綠茶一邊抹，一邊撐開河馬的嘴巴，把沙子塞進她的嘴裡。「傻眼好美！傻眼寶你超美！」綠茶聲嘶力竭的狂吼：「超！級！美！」

這時河豚還在被我扯頭髮，但我因為是男生，所以不敢揍她。河豚好像明白了這點，開始用力踹我，大喊：「傻眼！放開啦！傻眼放開啦！」

「貓咪貓咪貓咪傻眼貓咪！」綠茶把河馬面朝下按在地板上，衝過來把河豚從我身上拉開。

「你長得像豬！貓咪個你家死人！你是豬！」

綠茶抓起椅子往河豚的臉上砸，河豚一陣哀號後倒在地上，綠茶抓起桌上的廚餘淋在河豚臉上，然後用力踩河豚的肚子，大喊：「豬！給我吃廚餘！給我吃！」

河豚勉為其難的開口，綠茶直接抓起旁邊的風鈴，塞進她嘴巴裡。

我看呆了，原來綠茶力氣這麼大。

而河馬這時候掙扎的爬了起來，拿著桌上的叉子往綠茶走去。在她要插綠茶的時候我衝了上去要奪走叉子，結果河馬拿叉子用力的劃傷我的手臂，綠茶見狀後衝上來奪走叉子，開始拿著叉子

追著河馬跑。

河馬嚇得邊逃邊哭、結果絆倒了，綠茶站上河馬旁的桌子，然後用力的跳下來壓在河馬身上，又是一頓凶殘的痛毆。

我在旁邊嚇得一動也不敢動，任憑宛若魔鬼附身的綠茶折著河馬的手指頭。

直到河馬哭喊：「我尿出來了、我尿出來了！我吐了！」打人打到沒力氣的綠茶才停手，並用最後的力氣抓起她們的包包、手機，用力甩出門外，並指著門口，叫她們滾。

意志瀕臨潰散的河豚與河馬一邊慘嚎一邊爬出去後，筋疲力盡的綠茶倒在地板上，兩眼無神，一動也不動，直到我以為她掛蛋了，問她要不要去醫院，她才回過神來，開始痛哭。

「我已經很努力跟她們當朋友了嗚嗚嗚——我每天都很可愛啊嗚嗚嗚為什麼——我現在沒有朋友了嗚嗚嗚嗚嗚——」

「她們都不是真正的朋友啊？」其實我覺得河豚河馬比較該哭，但綠茶這樣讓我有點不忍心，「我是覺得啦，她們都是利用你而已吧。」我拍了拍她的肩膀。

「好吧，我其實都看出來了。可是我以為正常的女生都要很可愛，然後有像她們一樣很可愛的朋友才正常。」我感覺到綠茶正在迅速恢復冷靜。

「不是啊，她們一點都不可愛啊。」我剛說完這句，綠茶立刻用水汪汪的眼睛看著我，害我又忍不住補了一句：「嗯，你剛剛

發瘋的樣子蠻可愛的。」

「那我就不用跟她們當朋友了？」綠茶梨花帶淚的問我：「你可不可以當我的朋友？」好吧，綠茶哭起來也蠻正的。可惡。

「呃，啊，隨便啊。」不是啊！可惡！說好的我要討厭她呢？

「那我可以不用裝可愛了嗎？」綠茶破涕為笑。

真……真香。

「蛤，可以啊。」我發現我的手還搭著她的肩膀。

「謝謝你……」綠茶又哇一聲地哭了起來，然後她清了清喉嚨。「喔幹裝這個聲音好累，操雞掰。」綠茶的聲音瞬間變低好幾度。

接著無視我震驚的眼神，她完全拋棄了柔弱女孩兒的模（偽）樣（裝），起身後就拿起手機開始聯絡律師，然後打給所有惹她的網美，一個一個的劈頭痛罵。

後來綠茶跟我果然被告了，我們也不死心的反告那些敲詐我們的網美，最後收到的賠償金居然比我們賠給河馬河豚的多。

我們用賠償金將店面改回原來舒適的風格，店名則改成「心裡有疙瘩」，以「好吃的 google 一星評論餐廳」為賣點。這都是綠茶想到的。**幹，蠻有哏的。**

工人來店裡拆掉做作峇里島設施的那天，綠茶在施工的現場用

超粗的聲音說：「欸幹！米漿，到時候我們一起去真正的峇里島吧，我出錢啦敢不敢？」說完，她拋給我一個甜甜的笑容。

　　經歷了高麗菜戰爭與官司的共患難，再加上這突如其來的放電，我發現自己徹底迷上綠茶。別說去峇里島玩了，為了綠茶去峇里島種高麗菜我也願意。

　　無奈之後的生意實在太好，當我們真正來到峇里島時，已經是兩年後的事了，我跟綠茶在那個擁有真正白色沙灘的人間仙境舉辦結婚典禮。

　　順帶一提，她的新娘捧花，是一顆翠綠的脆脆高麗菜。

庫洛
魔法死

小櫻

故事的主角是小櫻，
是一個長得超級精緻的漂亮的女生（或是漂亮的蘋果）。

小時候我很喜歡看庫洛魔法使，每次小櫻都可以穿知世縫的不同的衣服，然後漂漂亮亮、千變萬化的出去收服庫洛牌。

長大後的我也真的千變萬化。各任男友要我當太妹、要我走日系風、要我化歐美妝，我都學得來。

一開始我很得意，覺得自己像是隱藏身分的百變小櫻，沒人猜得透真正的我。但後來只要我做自己就會被劈腿，我才明白他們不是猜不透我的本性，是不喜歡真正的我。

某次抓姦成功後，我發現自己根本不是小櫻，前男友們才是。

我是拚命縫新衣服的知世，傻傻的拿 V8 錄下小櫻到處玩庫洛牌的樣子，談著不屬於我的戀愛。於是我有了新的領悟：被愛的秘訣就是，絕對絕對絕對不要活成你真正的樣子，因為沒有人喜歡你真正的樣子。

然後我就得憂鬱症了，讚！

再後來，我交了一個做直銷的男友。剛開始我覺得我被他的正能量照亮了，憂鬱症幾乎痊癒，直到後來我發現他的宏大願景都是狗屁。

有一次他又在吹牛，我忍不住要他想一下未來可能會遇到的瓶頸，結果他大抓狂提分手，說我滿腦子瓶頸，憂鬱症的悲觀真的讓他無法繼續交往下去。

我哭著跪著求他，終於以買了六小時兩萬元的正向靈魂課為代價，跪著發誓說，我會治好憂鬱症，我要變成正向的人，我要當正常人。

正向靈魂課當天早上，我們各自用手機發了正能量的文，然後我男友開借來的車載我出門。

下車前他問我：「你要怎樣才能跟我一樣用快樂儲蓄對抗憂鬱症呢？」

我沒吃百憂解，所以我的心情亂得小豬的感情一樣，臭著臉說：「重新投胎吧。」

所以我就逃課了，我為了治好憂鬱症、展開自殺之旅。

我找了一間常去的旅館，四小時六九九有夠便宜，有興趣的情侶可以去找找看。

我進房間泡進浴缸，拿出在路上買的兩瓶酒喝掉，然後躺在浴缸裡割腕。

泡了一個多小時，我覺得還是要跟家人交代一下，就傳了幾封訊息給他們，誰知道我妹整個人憤怒黑化，打來大吼說要來旅館找我，操，害我緊張得又多劃了幾刀。

我妹抓狂衝到了旅館，告訴工作人員我有病而且我在自殺。

工作人員打完 119、110 後，和我妹一起衝來用萬能卡打開我的門，而我愜意的泡在血紅的浴缸裡，左手在流血，右手在滑手

機。看到他們闖入後我整個人失控了，滿身是血的大聲尖叫：

「我是一顆紅紅的小蘋果！」

我妹直接狂嘔。工作人員沒吐，但他應該已經嚇到折壽了吧，他故作淡定的說：「小姐，請把美工刀給我。」

我控制不住自己，對他們大叫：「我不要！！」他很害怕的大喊：「給我！！」我也大喊回去：「求我啊！！」沒想到工作人員居然哭著說：「我求你。」我大喊：「還是不要！！」

這樣的對話重複了好幾次，我打電話給我男友，說我要治好我的憂鬱症了，因為我在自殺。

然後我男友立刻掛了電話，我就繼續狂割我的左手，誰知道講到一半，他媽的一堆救護人員跟警察全都衝了進來。

我大聲吼：「我是小蘋果，我現在來切蘋果！」然後緊握著美工刀，一臉就是你們他媽敢搶試試看，可是他們力氣太大，我直接被拎起來包紮傷口，美工刀也被拿走了。

我不停的踹警察，大喊：「我是小蘋果！我要切蘋果！我是小蘋果！我要切蘋果！」

結果警察就說：

「那你現在當葡萄，就不用切了。」

啊。葡萄？

我發呆後忘記要掙扎，就這樣被拎到救護車上。

我現在還是覺得那天最嚇人的 Boss 是警察，怎麼會有人冷靜的跟一個自稱蘋果的瘋婆娘說「你現在可以當別的水果」？他是鬼吧？

反正，我在救護車上還是笑得很開心，我妹臉很臭的看著我，我還問她要不要自拍紀念第一次搭救護車，她只回我：「幹神經病。」

然後我拜託大家跟我一起唱小蘋果，全車靜默了一分鐘後，我和我妹就開始在車上虛弱的唱起了小蘋果。

後來我唱到有點暈所以不唱了，車子安靜下來。

我妹說：「拜託你不要這麼做自己好不好，我們在救護車上欸？」我驚喜的問：「我很做自己嗎？」「不然咧？」

我聽到後開始大笑，因為我終於可以做自己了。接著，笑著笑著，我就在救護車上、放聲大哭了起來。

我以為我的瘋狂行徑就到此結束了，結果沒有。

縫合後醫生說左手暫時不能有大動作，我就問不能彈鋼琴跟吉他嗎，醫生說：「不行，但你可以比中指。」

「這樣嗎？」我虛弱的比了一個中指給他，然後比著中指邊唱小蘋果邊走出醫院找前男友報仇。

後來就沒什麼事了，前男友被我搞瘋、分手、哭、看病、道

歉，去看對我而言沒啥用的心理諮商。

　　親愛的，自殺也許能解決問題，但自殺失敗是個大問題，後來的兩個星期我出門都要傳地址給我媽，還留下超級醜的疤痕，所以沒事請不要自殺，有事也不要。

　　我問醫生，如果我下次又割腕被送來，又剛好遇到他，他會有什麼想法？他跟我說他不會再幫我縫傷口，因為浪費時間，當然他是開玩笑的。

　　我的醫生很少會對我不耐煩，除了某次我又問了他一個智障問題，他直接翻我白眼。

「你覺得我是小櫻還是知世？」
「你是小蘋果。」
「錯，我是一張自在的庫洛牌。」
「你出去。」

小坦克投稿第十八集。
以上故事是從網友投稿所得題材杜撰而成的創作小說，內容
未經同意請勿轉載。

趙太太　　阿妹

故事的主角是趙太太。
一名很喜歡傳很醜的長輩圖給群組裡所有好友的歐巴桑，
還喜歡穿超級亮色的上衣，品味有點俗氣，
只不過她的個性太過精明、處事手腕圓滑，
所以沒人敢嘲笑她。
阿妹是趙太太的女兒，
是校園裡的風雲人物。

通常上了年紀，很少會有那種「一切怎麼突然不對了！怎麼辦！怎麼會這樣啦！」的少女式感受，只不過在臺北市某知名飯店的婚宴上，兼職保母與家庭主婦的趙太太，突然久違的、有了這種感覺。

而且這感覺強烈到使她閉上她那超大的嗓門，在飯桌前愣愣的聽著 James 瘋狂羞辱阿傑。

「媽，幹嘛啦？」趙太太的女兒阿妹很擔心的看著她，雖然早上出門前，母女倆才大吵了一架。

阿妹目前高一，是那種後段高中熱舞社的水美眉，整天吵著要學跳舞。

每次阿妹吵著要學跳舞，趙太太就會怒吼：「跳什麼舞！你舞女啊！」然後開始問她，為什麼不跟她的外甥 James 一樣會念書，又什麼都得獎，還有出國留學過。

這時候阿妹就會反駁：「James 哥哥每次跟我們講話都故意講英文，而且都臭屁，每次買了什麼新東西、幹了什麼事情都在群組炫耀，噁心死了！我才不要跟他一樣咧！」

接著趙太太就會失去理智的狂吼：「至少人家有東西可以炫耀！不像你！」然後阿妹就會哭喊：「你每天只會炫耀炫耀炫耀！你根本不在乎我怎麼想！」

這樣的戲碼幾乎每天都在發生，包括出門喝喜酒的前一個小時

也是。

其實趙太太也不是為了想炫耀才這樣逼阿妹的。只是當保姆的她，每次看到自己照顧的富二代小孩，不是玩著好幾千塊的益智玩具，就是花錢上學齡前英語先修班，她就會深深覺得，菁英就是從小開始培養的，所以她總是要求阿妹去學一些菁英小孩會做的事情，長大才能幸福。

無奈阿妹對她咬牙花錢報名的菁英課程完全沒興趣、還遺傳了她的倔強脾氣以及大嗓門。

吵著吵著，阿妹越來越叛逆，趙太太也越來越羨慕 James。

James 是典型的富二代，長相平庸、身材微胖，卻有著極高的自信，頭髮抓得老高，看人都用斜眼看。

從小他就學了各種才藝、贏得各個意義不大卻頭銜浮誇的獎。後來因為不想考大學被爸爸送出國念書，回來後用爸爸投資的錢創業，但其實也只是個掛名的副總而已。

別人看 James 可能會覺得很可笑，但在從小家境困苦、見識淺薄、又常常接觸有錢人的趙太太眼中，James 的行頭、學歷、工作，全都完美無瑕，所以她理所當然的堅持要阿妹過跟 James 一樣的生活。

可是，在這場婚宴上，看著對面的 James，趙太太居然產生了一股嫌惡感。

James 是趙太太的外甥，在餐桌上喝得酩酊大醉，用中英夾雜的方式炫耀著他在英國做了哪些事、回臺灣創業有多成功、幹過的女人有多少，講到一半還指著阿妹說：「有一個想約我去 Motel 的酒店妹就跟你一樣正哦！嘿嘿！」而阿妹立刻回敬了 James 中指。

本來這時候趙太太該對阿妹大吼：「女孩子怎麼可以這麼不得體？」但聽到 James 邊開黃腔邊質問阿妹為什麼讀這麼爛的學校時，趙太太心情複雜，遲遲無法開口斥責阿妹，反倒是有點心疼自己的女兒。

結果阿妹火氣也上來了，恨恨的瞪著 James 說：「啊你賺這麼 Much 這麼會講 English，還不是長得 Fucking ugly。」

同桌賓客都忍不住莞爾，趙太太趕忙站起來賠不是，然後狠狠瞪了阿妹一眼。

James 很明顯的不悅，只是為了維持寬宏富二代的假象，他只是翻了白眼，說了句：「Oh ～真的是 Pathetic wanker ～」就繼續抓著其他平輩炫耀他自己。

菜一道道的上桌，James 不停數落餐廳的菜色落後、臺灣人的宴席沒有英國典雅、臺灣總有一天是大陸的。

他還再三強調，如果要堂堂正正做個人，就要像他一樣移民，因為臺灣太爛了，臺灣青年都落後了他一大步。

James 越說越起勁，最後只剩下趙太太專心的聽他在吹噓。

脫離 James 的魔掌後，阿妹立刻叫同桌的阿傑和她自拍。

阿傑跟 James 同歲，是趙太太堂姊的兒子，就住在趙太太家附近。趙太太跟堂姊感情好，常常互相到對方家作客，阿傑跟趙太太一家也熟了起來。

忠厚老實的阿傑長得高高帥帥，講話有禮貌、又貼心，只是反應有點慢而已。後來趙太太才知道他有閱讀障礙，但這不影響她疼愛阿傑，也不影響阿妹對阿傑的崇拜，整天說著要嫁給阿傑。

只是阿傑在高二時覺得讀書很痛苦，輟學直接去工作，趙太太就沒辦法再這麼不帶偏見的看他了。

阿傑去飯店當學徒，每天在廚房學烹飪、學餐飲，堂姊說阿傑回家總是髒兮兮又精疲力盡的，這讓趙太太引以為戒。

她總會問堂姊：「小孩子這樣不讀書，沒出息怎麼辦？」也會偷偷的跟阿妹說：「長大不要跟阿傑一樣。你看，他很乖，可是沒讀書就是輸在起跑點，就要做這種辛苦的工作，知道嗎？」

但堂姊跟阿妹好像沒有要理趙太太的意思，也不擔心阿傑；阿傑好像也過得不錯，還收了學徒，只是他收了學徒後更是忙到沒時間經營社群軟體，甚至連家族的 LINE 群組都忘記要加入。

阿妹喜孜孜的和阿傑談笑，與跟 James 說話時判若兩人，讓James 看了非常不是滋味，湊過去尬聊，沒想到阿妹直接變臉。

James 決定讓阿傑跟阿妹知道他的厲害。

　　James 以一個經商生意人的世故姿態驅走原本坐在阿傑旁邊的賓客，搖搖晃晃的在阿傑身旁坐定。

　　「來來來來，Excuse me，我們來認識一下。」

　　阿傑很訝異地看著 James，他以為這個從沒與他講過話的優秀遠親終於要跟他當朋友了，看起來又驚訝又期待，並困惑著阿妹為什麼要在後面張嘴加上比手畫腳。（阿妹在他們背後比著「x」的手勢，用嘴型拚命說：「不要理他！他是智障！不要理他！」）

　　「Well，」James 雙手交疊，以一個留洋高知識分子的態度詢問阿傑：「Well，Ah，Okay，請問您的薪水多少？」

　　「六萬多吧。」

　　聽到不是想像中的 22k，James 的臉臭得跟大便一樣，但很快的，他又調整好留洋的架勢。

　　「那你的房子呢？你有車嗎？你車子開哪一種品牌？」James 拿出了自己的車鑰匙在手上把玩，全桌無人在意，只有趙太太眼巴巴的看著他的車鑰匙。

　　「我有一輛休旅車，福斯的。」講到愛車，阿傑就開心了起來，而 James 再度皺眉，他以為阿傑沒車。

　　阿妹也皺眉，因為她知道接下來 James 又要發神經了。

「Okay，Right，有房嗎？」

「現在還是用租的，兩年後──」

聽到「房子租的」，James 整個人都高潮了起來。

他知道自己依然是最尊貴的男人，因為他的爸爸老早就在大安區幫他安置好房產了。

「Okay，Okay，沒有房子，All right.」James 打斷阿傑的話，「Excuse me 打斷一下，你大學讀哪裡？」James 的笑容又燦爛又噁爛。

「我沒有讀大學。我高中──」阿傑開始覺得困惑，為什麼跟這個人聊天一點都不開心？

「Oh，Yes，Yes，Right，沒讀大學，Right，沒讀大學。」James 看起來非常愉悅。他發現阿妹正狠狠瞪著他，就以一個教授演講時、隨機提問臺下大學生的姿態，斜著眼問阿傑：「你覺得自己很受歡迎嗎？」

阿傑不明白他的問題，疑惑的看著他。

「你覺得自己很受女生歡迎嗎？Bro？Hey，Hey，Listen to me，Bro？」James 故意放慢語速。「抱歉我比較習慣講英文，沒讀大學應該聽不太懂。」

「還好啊。」阿傑怕 James 以為自己聽不懂，趕忙回答：「還

好。」

「還好是有嗎？Oh，Okay，所以，So，你沒有讀大學，然後還覺得自己會受女生歡迎？」

James 繼續逞著幼稚的口舌之快，而憨厚的阿傑終於察覺到 James 的敵意。

「Okay，Okay，我們先撇開你的個人能力不談。你的父母是從事什麼行業的？」

「我媽媽是護理師。」阿傑不解，這個穿著誇張的人，為什麼要如此羞辱他？

「護士？Okay，爸爸呢？Uh？爸爸呢？」James 的眼神閃閃發亮。

「我爸爸不在了。」阿傑尷尬的笑容終於消失。

「單親嘛，單親。臺灣特產之一就是單親。」James 仰頭大笑。

「啪」地一聲，在場的一名賓客用力拍了桌子，忍不住提醒 James，「連先生，請你講話自重。」

「Sorry～Sorry～請不要叫我連先生。我已經不跟中國臺灣姓了，臺灣人太可怕了。」James 越說越嗨，宛若一隻吃到跳跳糖的外來種醜蟾蜍，「因為臺灣人太愛內射了，女人先上車後補票，然後男人就發現她們的洞鬆了，就跑了。」James 自以為睿智，以一個英國男模拍商業雜誌的姿態得意的笑著。

「所以我才說臺灣是鬼島嘛！」

「欸，」阿妹臭著臉看著 James，打斷他的優越感質詢，「你這樣很智障。」

「臺灣人還有一個缺點，」全部人的目光都盯著 James，但他將那種目光歸類於「榮耀」。對他這種留洋回來的人，能不榮耀嗎？

「除了惱羞成怒之外，還有一個特質，我來為大家介紹一下。」James 再次把兩隻手放在桌上，以一個商業創業人士的姿態交疊。

「像她這種沒見過世面的臺灣年輕妹妹，」James 指著阿妹，「最後都會搶著嫁給我們這種社會頂層的人。我們已經贏在起跑點了，像阿妹的媽媽也非常的有智慧，因為她一直跟我討教怎麼教育孩子。Right ？」James 以睿智的欠揍臉微笑環顧四周，打量了一下阿妹與阿傑，最後凝視著趙太太。

「Right ？」James 暗示趙太太要開始附和他，但那種嫌惡感堵住了趙太太的嘴。

她平常就知道自己被 James 看低了，但現在她卻覺得 James 沒有看低別人的資格。

沒等趙太太反應，阿妹就先跳起來開戰：「你有女友嗎？阿傑哥哥有欸。」阿妹瞪著 James：「你有嗎？」

「我沒……我眼光真的太高了，而且我立志是拚事業的，Okay，妹妹，我跟你講，我們男人年薪如果……。」

「你的年薪還不都是你爸給你的。」阿妹大翻白眼，瞪著James又繼續進逼：「這麼愛比，啊你身高多少？有175嗎？」

「169，可是……」

「靠北喔！可是什麼？笑死捏，可是什麼？」阿妹開噴：「像我們這些智障臺灣小妹妹看的是身高跟臉，人家阿傑哥哥身高181又長得比你帥，你都輸人家啊，啊是要可是什麼？」

James看起來快要爆炸了，但他還是交叉著手、一副「我不跟妹妹計較」的樣子無奈點頭，維持著英國貴族的驕傲。

「你笑人家只給媽媽照顧，人家才要笑你到現在還需要媽媽照顧咧。」看著阿傑無辜又困窘的樣子，阿妹再也不顧現場氣氛，開始跟James理論。

一旁的趙太太聽到阿妹這樣說，忍不住想起今天進入會場之前，才看到James的媽咪穿著居家服，牽著James的手走進來，找她聊天。

James媽咪對母女倆炫耀一輪在英國的奇遇與豐功偉業，並確定趙太太看起來非常羨慕之後，才滿意的拍拍James的臉頰，要他記得說幾句好厲害的吉祥話才能走，並要他別跟那群臺灣人計較，因為臺灣人比較窮。

趙太太問 James 媽咪為什麼不留下來一起吃，James 媽咪皺了皺眉頭，說自己是英國人，不習慣亞洲人的食物，就匆匆親了 James 的臉頰，然後大步跨出了飯店。

趙太太拚命的告訴自己，這就是英式教育，是臺灣人跟不上的英式教育。

贏在起跑點的英式教育。

但剛剛 James 媽咪與 James 交談的場面，讓她的心裡竄出了兩個絕對不能說的字。

「媽！寶！」

無奈的是，阿妹直接把趙太太心裡的那兩個字喊了出來。對，唉，媽寶。

「Sorry ？」James 開始焦慮了。

「你就是一個臭媽寶！今天是你媽送你來的！因為你媽有來找我媽聊天！你媽還叫你『寶寶』，聊完她就離開了！你這個臭媽寶！」阿妹越說越氣，又再字正腔圓的提醒 James：「臭媽寶！」

James 一句話也吐不出來，只是僵硬的以一個成熟大人的姿態假笑著。

阿妹決定補上最後一刀，她拉著阿傑的手，問阿傑：「阿傑哥哥，這樣你贏媽寶好多喔！」

　　她帶著驕傲又欠揍的笑容看著 James：「阿傑哥哥，你自己也說一下呀，還有什麼地方贏過他？」

　　James 看起來快哭了。一個留洋回來、聲稱自己創業成功的成年人，因為被發現是媽寶而快哭出來了。

　　耶，這場架快吵贏了。如果我媽不要突然耍機車幫 James 說話，我們就贏了。阿妹喜孜孜的想。

　　阿妹偷偷觀察著趙太太的動作，但趙太太居然一副處於震驚狀態的模樣，讓阿妹鬆一口氣。而其他同桌的來賓似乎也在好奇著，這場辯論是誰會贏？

　　結果阿傑一句話都說不出來。他也有點喝醉了，滿臉脹紅再加上不擅言詞，使他遲遲無法開口。

　　場面更凝重了。

　　「拜託他媽隨便說一句什麼『我比他帥』或是『我比他討人喜歡』就好，拜託。」阿妹在心裡吶喊：「隨便一句！快點！我們他媽的要吵贏了！快點──」

　　「我跑步……我跑步比他快。」阿傑終於吐出了這句話。

　　即將取得勝利的阿妹頓時像是洩了氣的皮球一樣，癱軟了下

來。阿傑哥怎麼可以說這種白癡答案？跑步？哈囉？

「笨蛋才跑步」「四肢發達頭腦簡單」「猴子沒腦只會跑」，這些說詞連阿妹都可以想出來了，James等一下一定拿這個大作文章，把她跟阿傑罵到哭出來。

她知道這場架是汪定吵輸了，她只能恨恨地瞪著James，等著他氣定神閒地講出更沒口德的話羞辱阿傑。

「Are you kidding？Uh？」沒想到James氣得滿臉通紅，大喊：「我跑步怎麼可能比你慢！我哪有！我沒有！Uh？我沒有！」

這樣的發展讓阿妹大喜，她知道James已經喝得爛醉，又猜想James早已經被她連珠炮似的羞辱給激怒，如果阿傑閉著嘴乖乖難過、James還能假裝自己占上風，但連木訥的阿傑都說出自己贏他的地方了，那麼可笑的人絕對是James。

從小被捧到大的James從來沒有如此難堪過，面對這樣的場面一定已經喪失理智。

高手過招只在瞬間，阿妹立刻拿定了主意。她裝出天真少女的樣子，看著兩名喝醉的大人，嘟著嘴說：「那James哥哥，你也要跟阿傑哥賽跑看看，看誰……」阿妹迅速環顧四周，終於找到了目標：「看誰先搶到新娘蛋糕上的芭比娃娃，就是贏在起跑點上的帥哥，是我的男神喔！」

聽到要賽跑，趙太太立刻短暫的回魂，要去敲阿妹的頭。沒想到她剛要起身，James就拉著阿傑，要他出來較量；阿傑酒意也

上來了，居然跟著 James 一起半蹲在地上，做出起跑姿勢，準備往新娘蛋糕上的芭比狂奔。

同桌賓客一陣譁然，阿妹笑意盈盈的在阿傑耳邊低聲說了幾句話，然後雀躍的站在兩人身後。

阿妹的臉上泛起了興奮的紅暈，大喊：「預備備──」
所有賓客都來不及反應，阿妹早已大叫：「開始！」

James 在阿妹喊預備時就先偷跑了，全場包括新郎新娘都停下動作，氣氛尷尬。

在一片安靜中，James 一邊又笑又叫的說：「我贏在起跑點！我比你快！Uh？我比你快！Cheers！Kingdom！Winner！」一邊像個懶叫被捕鼠夾卡到的袋鼠一樣，蹦蹦跳跳的往精美的新娘蛋糕衝去。

等到新娘充滿怒氣的尖叫聲響徹整會場時，James 整個人早已撲倒在新娘要切的精美蛋糕裡。

James 滿臉奶油、滿身酒氣的在蛋糕殘骸裡舉著新娘芭比娃娃，指著阿傑大笑，喊著：「我贏了！我贏了！我贏了！」而阿傑直接愣在原地。

他小聲的問阿妹：「你剛剛不是說不要跑，只要拍照嗎？真的要跑喔？」

阿妹沒有回答他的問題，只是忙著拿起手機錄下 James 的醜態，還一邊吃吃笑著：「好好笑喔！James 哥哥你好丟臉喔！好可悲喔！超可悲！」

　　James 要舉起芭比新娘大喊「Cheers！」的時候，伴郎們以為他是闖進來鬧事的癡漢，衝上去圍住 James，並爆揍他一頓。

　　James 引以為傲的鮮豔名牌西裝在奶油碎屑中，宛若一坨有螢光劑的廚餘；而他抓得老高的飛機頭也塌了下來，非常難堪。

　　趙太太看呆了，她無法相信自己一直崇尚的、「贏在起跑點」的 James，居然會落得這副德行。

　　James 在人群中發出「臺灣鬼島野蠻臺灣人野蠻臺灣人」的叫聲，又引來了其他人的撻伐，趙太太定睛一看，才發現圍上來的人都是被 James 辱罵過，而且戳到痛處的親戚。

　　在餐桌上被 James 笑「沒讀書做粗工」的黑手正在揍他的肚子；被 James 駁斥「反正臺灣跟英國不一樣，只會回歸中國」的厭世臉文青正在打開他的錢包，把裡面的錢全部撒在 James 臉上；被 James 侮辱「你是不是喜歡哈洋腸，結果生出小尼哥」的年輕媽媽直接抓起柳橙汁往他身上灑去，而她可愛的黑人混血雙胞胎兒子一個正在偷吃奶油，一個正笑嘻嘻的把 James 腳上的皮鞋脫下來丟到窗外。

　　至於被暗示像酒店妹的阿妹，也很愉快的大喊「Eat my ass，

Bitch！」然後衝進去狂踩 James 的臉。

趙太太本來該站起身大聲斥責，卻因為劇烈的震驚而暈眩得說不出話。

她本來以為新娘會叫大家住手，沒想到妝哭花的新娘早已破涕為笑，她站在臺上、拿著致詞用的麥克風喊著：「打他！打他啦幹！打他打他打他——」趙太太才想起 James 在群組問過今日的新娘，是不是被「射後不理」才趕著結婚的。

不夠新潮的她這才驚覺，「射後不理」是罵人的話，她更是驚訝的發現，自己一直在崇拜著這個不知感恩、不知禮節，還以英式貴族幽默自居的「洋墨水靠爸巨嬰」。

最後 James 沒出席的爹地媽咪都來了，而 James 慘嚎著「Daddy！Mommy！」的聲音響徹會場，飯店人員湧上來，將他扛了出去，他的爹地媽咪緊跟在後，整個場面宛若一齣不賣座的英式尷尬家庭話劇。

主持人要大家稍坐片刻，等待飯店處理善後，再讓喜宴重新開始。

趙太太呆坐在宴席前，看著杯盤狼藉的場面，久久無法回神。直到她聽到阿妹開著視訊，滔滔不絕地介紹她揍了一個很難搞的親戚，才稍稍被拉回現實，有氣無力的罵了一句「丟人現眼」。

阿妹正要回嘴，母女倆就聽見來賓的驚呼聲，她們順著人群的驚呼聲一看，是兩個看起來稚氣未脫的青少年，用推車推著一個更精美、更華麗的新娘蛋糕來到會場，而走在後面的，居然是一臉靦腆的阿傑。

主持人介紹這兩位推著蛋糕的大男孩，要來賓感謝他們，沒想到其中一位大男孩接過了麥克風，笑嘻嘻的說著：「這是我們店裡最暖、最帥、人最好的師傅——阿傑老大做的，本來明天要交給客人了，但他緊急打給我們，要我們帶過來拯救婚禮，今晚他再重做一個就好，他也太暖男了吧！」

說罷，另一個看起來比較調皮的大男孩搶過麥克風，說著：「開放現場單身女性報名當我師父的女朋友哦！請大家給我的師父掌聲加尖叫，順便給我紅包！」

來賓一陣哄笑，阿傑的臉都紅了，趕忙拍了一下調皮男孩的頭，示意他們趕快回去。

阿妹早已花癡病犯，擠過人群衝向阿傑，一邊拿手機錄影、一邊大喊：「阿傑老大萬歲！阿傑老大萬歲！」。

趙太太在混亂中凝望著阿傑，發現這個輸在起跑點上的男孩，居然像得了獎盃一樣，如此帥氣、討人喜歡，在人群之中閃閃發亮；而她拚命羨慕、拚命要阿妹模仿的 James 早已在她心底黯然失色。

經歷了懷疑、憤怒、震驚的複雜情緒，那種「一切怎麼突然不

對了！怎麼辦！怎麼會這樣啦！」的少女式感受，終於融化成一陣帶點罪惡感的舒坦，在趙太太的心裡化了開來。

這種舒坦感以及突如其來的人生哲學，讓趙太太不太靈光的腦袋當機，也讓她在喜宴上完全忘記要做出「亂跑、多話、愛打包」的歐巴桑惹人厭行為。

喜宴結束後，她跟阿妹坐上老公的車，不發一語、若有所思的盯著手上的喜餅看。

以為會挨罵的阿妹被她嚇得不輕，她截了趙太太一下，大聲問道：「媽，你到底怎樣了啦！」

趙太太抬起頭來，問她：「什麼怎樣？你女孩子說話要這麼粗魯嗎？」

阿妹稍稍放下心，回答：「媽，你有點神智不清欸？」

趙太太本來要大聲反駁「你才神智不清」，但那份讓她腦袋轉不過來的人生哲學，突然轉變了她那最固執的堅持。

趙太太看著阿妹，問：「街舞班要多少錢？」

「啊？」

「下星期我去幫你報名繳學費啊。」

「你要讓我學跳舞喔？」阿妹看起來要哭要哭的，但她的恐懼遠遠大於害怕，「媽咪，那個，你的神智真的不清了。」

終於恢復所有精力的趙太太狠狠拍了一下阿妹的頭，罵她「不

知感恩」。

阿妹發出聒噪的歡呼聲抱住趙太太，而理應已經習慣母女整天發瘋大吵的趙先生嚇到綠燈忘記要開車，被後面的車按了好幾下喇叭。

喜宴就這樣結束了。

過了幾個月，阿傑一樣沒有加進群組，James 一樣在群組瘋狂炫富，結果被阿妹踢了出去。

阿傑受了 James 刺激，與朋友合夥開了西點店，生意興隆，還邀趙太太全家去吃點心。

喜宴學到的人生哲學教會趙太太：贏在起跑點根本沒用，因為人生不是只有跟人賽跑而已。

比起賽跑，人生更像菜市場，高級牛肉攤跟便宜蔬果攤根本不能放在一起比，再貴的肉也會焦，再便宜的菜也能作出佳餚。

街舞班真的夭壽貴，趙太太總會忍不住叨唸阿妹，幹嘛不突然喜歡打掃啊讀書啊之類的，可是她再也不會叫阿妹學 James 贏在起跑點了。

像 James 這種沒大沒小的兔崽子，就算跑再快也不會比較好，頂多只是早點撞到牆而已。她反倒覺得阿傑傻傻的做自己喜歡的事也闖出了自己的一片天，所以她才會讓阿妹去學街舞。

阿妹學舞之後，趙太太開始叫阿妹多學學阿傑，不要理別人怎麼講，要學就要好好學下去。

　　這個說法，阿妹雖然聽久了開始嫌煩，卻沒有反駁過。慢慢的，母女倆的關係不那麼緊張了。

　　趙太太偶爾會想起喜宴那天的搶芭比競賽。就某方面而言，那場競賽中阿傑是最大的贏家，而最輸的人是她。因為她在比賽後為了街舞班損失最多錢。

　　但每當阿妹勾著她的手一起上菜市場、或是主動幫她按摩時，精打細算的趙太太就會在心裡默默想著：「**輸了這場比賽，真夠划算的。**」

James 之所以叫 James，是源於我當兵時期遇到的一個超賤留洋又愛炫耀的白癡。
我寫故事的時候為了寫出白癡的精髓，只好一直想著他，嘔嘔嘔。

#危人師表

。

以前說「我要告老師」，是「我要告訴老師」的簡稱；現在的「我要告老師」，則是「我真的要叫我媽告老師」的宣告。

以前是「身為老師，要在人品學問方面作別人學習的榜樣」；但現在「為人師表」的真義，則是「為人師者，該讓學生和家長滿意，不然就等著被『矮』。」

為人師表、人人自危。

就算臺上的老師完全無害，也不能保證臺下的學生與家長不會對他們肆意危害。

「危人師表」，收錄了一些補習班、安親班、國小和國中的教師故事。

收錄了一群學生與家長的暴行；

收錄了一陣教育風氣颳起的教育風暴；

還有，一個個隱沒在臺下、卻張牙舞爪危害臺上的，「為師」的「危師」。

How you FUCKING like that?

Teacher Emma

故事的主角是前補習班英文老師，
Teacher Emma，目前很喜歡 BL 和 BLACKPINK。

「教育圈很小，所以做什麼事都要小心一點。」

這是剛來補習班教英文時，主任對我說的話，所以我一直都很小心。

大麻是我在補習班帶的國中母屁孩，她和跟班中麻、小麻，最愛在我上課時搞亂。

她們會在上課時直接上來擦我在寫的東西、或是在上課視訊，而我不能動怒，畢竟大麻的媽媽更破。

大麻會把我上課的內容用媽媽給的錄音筆錄下來，再賣給自己的同學；她媽無聊就會聽我上課的影帶，還會亂挑毛病。某次大麻上課拍抖音，我嚴肅的警告她，隔天她媽來把我差辱了一頓。

我哭給主任聽，說錄音賣錢和公然侮辱犯法，但主任說：「大麻補好久了，我們要把家長當親人。教育圈小，口碑先做出來，我們辛苦一點沒關係。」接著幫我加了二十五元時薪，封口費。

從此我完全不敢管大麻。有時大麻暗戀的國中猴會在上課時闖進來，跟其他猴子在背後猜我的奶罩顏色。有一次我被他們猜哭，哽咽著講課，大麻媽聽完錄音打來，問補習班我是不是得了新冠肺炎，聲音才這麼啞。

但我只能小心的解釋並道歉，**畢竟教育圈小嘛**。

啊，忘記說為什麼我叫她們大中小麻了。

我是 Emma，大麻都叫我破麻，她媽也會不小心叫錯，再自以為幽默的說對不起。

說實在，不只破，在這小小的教育圈，我快碎了。

前陣子，大中小麻開始瘋狂在我上課時間拍〈How you like that〉的抖音。

媽的，超吵。

我看到她們興高采烈的牽著手在教室後面走，只得提高音量，畢竟大麻媽媽會說我講話太小聲。

大麻看到我講話變大聲了，就走上前把手機遞給我，要我別吵，幫她們錄影。

為了還在聽講的學生（還有大麻的錄音筆），我無視她們繼續上課，沒想到大麻擦掉我在黑板寫的所有句子，並拿她的手機用力頂我的肩膀。

「破麻！破麻幫我拍一下啦哈哈哈哈哈哈。」她把手機塞到我的手裡。

沒等到我反應完，大麻直接把我推去撞白板。

好痛。社會敗類。

「社會敗類。」我以為自己只是喃喃自語，但我發現我正在用

力大喊：「社會敗類！！」

再見了，教育圈。

喧騰的教室瞬間靜默。

「拍抖音！上課拍抖音！不尊重我！」我用力拍桌子，「從來沒有！沒有！尊重我！」我大聲尖叫。

大麻瞪著我，大罵：「衝三小啦？」

「抖音是不是！」我咆哮：「你們現在把手牽起來，像那些影片一樣！」

中麻小麻看著大麻。中麻開始哭，因為我在補習班從沒罵過人。

我尖叫：「牽起來！跳！！」然後她們牽起手來移動了一步。

平常叫得最大聲的小麻也在狂哭，中麻早已淚崩，大麻用力咬著她雞掰厚又黑的下嘴唇，不敢哭。

我叫一個男同學用大麻的手機幫我播那首〈How you like that〉，韓國電音在死寂的教室中特別大聲。

我甩開門指著外面：「現在你們就開始跳剛剛的舞，從一樓跳到二樓！」

這時小麻終於忍不住崩潰痛哭：「對不起老師對不起……」

我用盡全力尖叫：「跳！快點跳！！」

她們三個邊哭邊牽著舉高的雙手走了出去，而我在後面舉著手機放音樂。

補習班裡的人都嚇呆了，三個雞掰的死國中女生在〈How you like that〉的旋律中哭到鼻涕變成泡泡，尤其是中麻，看起來像屁眼沾到辣椒一樣哭得淒厲。

大麻生氣的大吼：「我要跟我媽講！」

我尖銳地吼回去：「我要報警抓你媽賣錄音課！」聽到這個，大麻終於嚇呆閉嘴。

我們繞了一樓半圈，整層樓都是「Look at you, now look at me. Look at you! now! look! at! me! 」和哭聲。

我還大聲唱中文歌詞翻譯：「看你們是什麼死樣子！看你的死樣子！走！！繼續走！！！」

我狂喊「不要弄！」，所以沒人敢來拉我，但我懷疑其他老師是不是因為也被弄過，所以沒來阻止？還是他們怕自己出面，會在好小好小的教育小圈圈沾上不必要的塵埃？

當我們跳到二樓猴子班的時候，猜奶罩的男猴子們全都探出頭，卻沒一個敢靠近，只是吃驚的看著我們。

（*Ha, How you like that?*）

大麻滿臉鼻涕的想要停下，我就抓著她的手往前走，加入了這

場失控的抖音。

（*You gon' like that, that that that.*）

　　我們就像真正的明星，在人人側目的場合中，四個調皮小辣妹牽著高舉的手，充滿生命力的往前踏步。

（*How you like that? bara bing, bara boom.*）

　　我知道大麻肯定跟猴王對到了眼，因為她終於放聲痛哭。
　　我們就這樣手拉著手走回了教室，我還要她們跟著我一起唱巴拉逼巴拉步，但只有小麻帶著淒慘的腔調跟著唱。

　　教室終於安靜了。

　　後續我不便多談，因為大麻媽媽犯法在先，這家補習班也有某些法律問題，所以我暫時沒事。
　　主任要我鞠躬道歉，他覺得教育圈真的很小，我們以和為貴，我聽到直接哭了。被錄音被罵破麻被研究奶罩顏色的又不是你！又不是你！所以，我說，我要辭職了！
　　臨走前，主任還沉痛地對我說：「教育圈很小，你今天惹到我

們這些前輩——」不等他說完，我就背著包包走了，走出該死的教育圈。

「**那我就去教育圈外看你喎屁。**」到了隔天早上，我才在群組回覆主任這句話。接著，我放下手機，播放音樂，在房間搖擺。

在可以的時候盡情嘲笑吧
現在數到 3，到你了
Ha, How you like that ？

小坦克投稿第十一集。
以上故事是從網友投稿所得題材杜撰而成的創作小說，內容未經同意請勿轉載。
以上歌詞截取自 BLACKPINK 的〈How you like that〉。

一小片蛋糕

蔡老師

故事的主角是蔡老師。
高中時期是辯論社社員，
對社員很好，但因為長得太刻薄，
所以常常被社員認為他的好是有其他目的。

「可是 John 不喜歡這個禮物欸。」白母說，「John 有權利生氣啊。」

白母在我面前用雞掰的表情看著我，而我迴避著她的眼神，瞄著牆面上的一個英文諺語：「A piece of cake.」

如果照字面翻譯，這句話就是「一小片蛋糕」，而它真正的中文內涵是「很容易的事」。

如果英文跟數學一樣可以推論，那麼為了一小片蛋糕生氣，就是很容易生氣。

我正在腦中進行精密的邏輯推理時，突然想起班主任跟我說過：「跟白目學生講話，要提高情商；跟白癡家長說話，要拋開智商。」

我一直是滿聰明的人，所以我始終不認同這句話，遇到白癡幹嘛跟著裝白癡？

但現在，我懂了，我認同了。我之前不認同，是因為我覺得偉大的老師怎麼可以耍白癡？

我現在大一，是安親班的課輔老師。我才上任半年，就已經很多人說我看起來老成了。

我做事又快又俐落，所以班主任很喜歡我；再加上小朋友們也超級崇拜我，所以我算是完美的勝任這份工作。

唯一不爽的是，每次我很用心的跟家長講電話、很有耐心的處理小朋友的紛爭時，老鳥就會跟班主任笑著說：「他真的太菜了

啦。」

　　我不是個自傲的人，但我怎麼會菜？我待在這裡的每一分鐘都用心付出，小朋友都搶著要我教他們數學，還追著我要加我的臉書，而且每次家長一來找麻煩，我都辯到他們啞口無言。我越做越好，我怎麼會菜？

　　有一次我鼓起勇氣問老鳥，我到底菜在哪裡？我不認真嗎？

　　「你太認真了。」老鳥笑著說：「等你的熱情被磨光時，你就不菜了。」說罷，老鳥推了推眼鏡，繼續改作文。

　　我還是不懂。我認為老鳥根本是覺得後生可畏，所以才故意讓我洩氣，於是我更用心帶班、更認真練習跟家長應對的技巧，還自己帶了小白板幫小朋友解題。

　　我還跟小朋友說，如果整學期大家都乖乖守秩序，蔡老師就請你們吃蛋糕。

　　在我的帶領下，我們班的小朋友都會互相提醒要守秩序，教師節那天還一起合寫卡片給我，老鳥還幫我跟他們拍合照，我感動得快哭了。

　　老鳥其實人不錯，但我看他帶的班雖然沒啥亂子，小孩卻都滿散漫的，果然還是長江後浪推前浪吧？

　　很快的，學期要結束了。

　　我看著手機裡我教學的照片，覺得這一切都是如此的順利，成

為好老師根本是 A piece of cake。

到了寒假前的最後一次上課，我履行了我的諾言，買了超紅的造型小蛋糕給他們吃，還特別挑了兩種口味，在蛋糕盒上面貼了我精心寫好的小卡，就開開心心的去上班了。

孩子們都歡天喜地的向我道謝，並開開心心的吃蛋糕，還很迫不及待的唸著我寫的小卡。

我拿起手機偷偷錄影，嘴角沾著奶油的孩子們開心的對手機比 YA，一切都是這麼溫馨、幸福，直到我聽到抽噎的聲音。

是班上的小白。

小白伶牙俐齒，長得白白胖胖，有點調皮，但也還算是喜歡我。而且他的作業都不太需要糾正，因為他媽媽管很嚴。這樣的小孩怎麼會突然這樣子？

我走上前關心他，沒想到小白滿臉淚水、抬起頭來，憤怒的瞪著我，「我的卡片是角落生物的。」小白抽抽噎噎的哭喊：「我不要角落生物的。」

我說：「重要的是卡片上面的字啊？」

小白崩潰嘶吼：「我不要角落生物，我不要角落生物——」他哭著哭著就把卡片撕掉了。

當下我大為光火，但我知道要機會教育一下才是好老師，我嚴厲的要小白跟我道歉，問他怎麼可以撕掉別人送的禮物？這樣是

該有的禮貌嗎？

但小白只是又哭又喊的嘶吼：「我要寶可夢的！我都沒有寶可夢！我都沒有寶可夢！」

我終於被激怒，厲聲要他跟我道歉，小白卻對我崩潰尖叫：「我媽說你是新來的！你都不會教！你是新來的！」接著他把蛋糕往我身上丟。

巧克力蛋糕在我的淡藍色襯衫上放肆爆炸，整間教室安靜到不行。

我從來沒有想過會遇到這種狀況。說實在的，有哪個送全班禮物的老師會被自己送的禮物砸？現在該怎麼辦？我該視若無睹嗎？還是我要破口大罵？我要不要出去沖洗衣服？可是快下課了，這樣班上的小孩沒人管——

「你們在做什麼？」老鳥推開門，對裡面的小朋友喊。

「趕快收書包準備回家啊，爸爸媽媽在外面等欸？」老鳥用眼神示意我去沖洗衣服。

等我沖完衣服，小朋友已經走光了。

巧克力漬還在，而我的熱情已經減去了一大半。

我本來以為全部的人都會指責我，但班主任和老鳥卻一如往常，沒什麼反應。

「還好嗎？」老鳥給我一條毛巾。

「我現在懂了。」我低下頭來。

「別自責，這很正常啦。」他拍拍我的肩，我心裡突然愧疚了起來。

「小白的媽媽說要加你 LINE 跟你談談，我幫你拒絕喔？」班主任問我。

「給我她的 LINE。」

欣慰感與鬥志沖淡了失落與難過。沒想到他媽媽這麼重視教育，我決定好好跟她談談，也在心裡原諒了小白，畢竟小朋友難免都會犯錯嘛！

「畢竟小朋友都會犯錯嘛。」沒想到，這句話是由小白媽媽說出來的。

因為她生出了白目，所以我叫她白母。

我和白母在 LINE 上面辯論已經超過三天，每次我跟她強調禮貌這回事，她就會拿這句話來堵我，並且用力的檢討我為什麼不給小白換卡片？重寫很難嗎？

我在 LINE 上面用盡了一切表達方式來和她解釋，無論是用陳情、說理，還是三明治說話術或總分總議論法，她都有辦法用她的白癡句型來刷新我的三觀，還堅持我不能打小白的本名，要叫 John，不然她就當我默認了這是我的錯。

「在別人面前撕禮物是不禮貌，但禮物是 John 的為什麼不能撕？」

「他不喜歡角落生物啊，你沒在關心 John 對不對？」

「他拿蛋糕砸你，你蛋糕都送他了，為什麼 John 不能自由使用禮物？」

「你現在是在極力跟我反駁嗎？為什麼你不尊重我？那為什麼你逼 John 尊重你？」

以上都是她的恐怖回覆。

但最恐怖、最完全沒邏輯的，還是故事開頭，也就是白母現在一直重複的這句話：「可是 John 不喜歡這個禮物欸，」白母說，「John 有權利生氣啊。」

白母說要來我們補習班申請退費，不然就告我們補習班。我也疲於跟她在 LINE 上面糾纏不清，只好同意她來補習班談話。但我依然不想要像個菜鳥，所以我要班主任讓我單獨和她對談。

對談開始了，我原本很有禮貌的，因為老鳥在談話前要我暫時放棄尊嚴跟智商，但白母自己越辯解越氣，用詞也越來越無禮，所以講到最後我也發火了。

我跟她說：「如果是我或是任何一個小孩收到老師精心準備的蛋糕和卡片，絕對不會像您的小孩一樣這麼無禮！」

白母聽到這句話氣得亂吼亂叫，她突然憤恨地走出門外，回頭指著我大喊：「我就看你多有禮貌。」接著，她騎上停在我們補習班門口的機車瀟灑離去。

我以為鬧劇終於要結束，走出門，跟班主任還有老鳥一起目送白母離去。班主任問我白母有沒有對我怎樣，而老鳥則問我，如果她又回來的話，我該怎麼辦。

我本來想回答一個有英雄氣概一點的辦法，但我累得一句話也說不出來了：「我應該就會直接把自己當成白癡，跟她道歉吧。」

我不得不承認，把自己當成白癡，才是最好的辦法。但還沒等我整理好心情，白母的車又橫停在安親班門口。

她拿了一個奶油已經融化的蛋糕，端了進來，「啪」一聲摔在我前面，奶油在我剛剛費心清理好的桌子上飛散。

我詫異地看著白母和蛋糕。

「蛋糕啊，老師精心準備的禮物啊，蛋糕啊。」白母以事業女強人的姿態坐在我前面，得意的肥臉像是泡水膨脹的臭豆腐，「收到蛋糕要說什麼啊？」白母把雙手交疊在桌上，故作優雅地說著。

「哇，謝謝。」我沒好氣的回答。

「老師不覺你有禮貌喔！」白母用噁心巴拉的聲音雞雞掰掰

的叫。

「收到禮物你要感謝啊，你要下跪說謝謝。來！跟老師下跪說謝謝！」白母站起來，用力的點我的肩膀。「下跪啊？下跪啊！」

我沒啥內心戲，只是懂了老鳥說的「放低智商」的真義。

沒有智商的鬧局，只能用失去理智的結尾來結束，於是，我站了起來，端起蛋糕。

「可是我不喜歡這個禮物欸。」

我看著白母，然後把蛋糕砸在她的臉上。

白色的奶油堵住了白母呱呱呱呱呱呱叫的嘴，而白母詫異的表情，彷彿時間凍結了一般。

「我有權利生氣啊。」

小兔兔找勇氣

故事的主角是東東，小時候很可愛，長大後長壞的那型。
喜歡在臉書發正能量文，但因為有點悶騷，
而且一緊張就會太嚴肅，所以無法營造陽光男人設。
志願是當國小老師。

我想當老師的原因，是因為想教小朋友怎麼找到「勇氣」。

也許你會覺得我很蠢，但你聽完〈勇氣之旅～動物 fun 手做〉夏令營的「實習老師公約」後，你就會知道什麼才是真正的蠢。

〈勇氣之旅～動物 fun 手做〉梯隊，是我們這群大學生辦在離島小學的夏令營。

整個夏令營由我們一手籌畫，而且我們要住在離島的小學，直到整個梯隊結束為止。

大多數籌畫梯隊的人都當實習老師，負責教那些來參加夏令營的小學生，並且分擔駐校期間的日常雜務；而實習主任負責管理所有實習老師，並下達命令，以及對實習老師進行獎懲。

也許你覺得梯隊沒什麼好蠢的，蠢的只有小朋友，那你就錯了。因為駐校，實習主任們為了要隨時都能管好年紀相仿的實習老師，就會制訂一些智障規矩。

像是用手機要罰錢、看到幹部要敬禮、每天所有人要聚在一起彩排隔天的活動直到凌晨兩點、彩排的時候上廁所要罰十元、感冒不可以戴口罩，不然會讓家長發現我們有老師感冒還教書，會被罵等。

很蠢對吧？但這些公約被其他蠢蛋包裝成「**你撐完梯隊的恐怖規矩，就能證明自己是超有勇氣的老師了喔！**」

這只有蠢蛋才會信！但抱歉，想當老師的人就是這麼蠢，包括我。所以我們教育大學每年都有人在辦梯隊，每次都延續著這個

蠢規矩。

我們也不是在教什麼厲害的東西，我們每天都在演尷尬的兒童小劇場、教一些整堂都在玩遊戲跟發糖果，假裝師生和樂融融的課，還會在最後的離別會抓著小朋友哭，滿足自己，耽誤小孩。

因為大一暑假就蠢過一次了，所以今年當幹部的時候，以「勇氣」為信念的我，決定要提倡改革。

我提議廢除一些不必要的白癡規矩，所以梯隊中大部分出過梯的人都贊同我，但只有同為幹部的小秘堅決不要改革。

小秘是大三學姊，她已經參加了六個梯隊。不知情的人都以為她很會教書，所以才出這麼多梯、臉書才有這麼多她和小朋友的合照。

事實上，她教書教得很爛，她只是很愛搶著當幹部、也很愛討好學生，尤其是討好長得好看的小學男生。

那些小男生被一個阿姨巴結當然會開心，開心就會被小秘哄著寫卡片給她；小秘拿到了卡片，就會到處秀給人看，說這是自己教育愛的回報。

我也看過那些卡片，有一張卡片還寫著：「小秘老師好像我家的打掃阿姨，我愛小秘老師」。

幹，這根本他媽的是當學生僕人吧？

但因為小秘實在太會吹噓，所以不認識她的人都以為她很厲害，心甘情願的忍受她的高姿態，所以小秘痛恨改革。

沒有命令梯員的環節、沒有討好學生的課，她要怎麼活下去？

你們可能會以為我會勇敢的和她吵起來，但很抱歉，我沒有。我得承認，我怕小秘的原因只有一個：她長得像我國小三年級的雞掰女老師，邱老師。

她幾乎跟邱老師長得一模一樣，是個鼻子又大又塌、下巴高高翹起、小眼睛、沒有眉毛，屁股還很大的狐臭醜女人。

不要嘲笑我的爛理由，教育心理學有說過，你童年時期的夢魘可能會變成你成年後生活上的缺陷，而且那種夢魘通常是大人嗤之以鼻的事情，像是被誣賴偷吃餅乾、精心畫好的作品被弄壞、你在看不見的角落被誰欺負了，而且大人都不相信你之類的。

直到梯隊第三天，不才我感冒了，小秘為了不讓家長發現我感冒，所以把我的口罩全丟掉。

還有一個實習女老師班上的小帥哥是小秘的最愛，結果那個小男生三不五時被小秘帶去玩，她請小秘尊重她，結果所有實習老師被小秘罰「一個小時只能有一個人去上廁所」。

超爛的住宿環境，以及小秘超誇張的惡行終於讓我爆發，我在走廊跟她激烈的辯論著「為什麼不讓實習老師上廁所」以及「為什麼不讓我戴口罩」。

我們越吵越凶，我甚至直接拿出教師法來說服她，平常講話都

咄咄逼人、高高在上的小秘，終於開始支吾其詞，只能拿「當老師就是要學著聽話」「這就是傳統」來壓我。

小秘越反駁越沒邏輯，說話也越來越小聲。她故意站到我的右耳碎碎唸，讓我忍不住往她那邊靠近。

結果，她突然在我面前癱軟了下來，然後在走廊大聲尖叫：「陳東東你打我！救命我被打了！求你不要打求求你⋯⋯」

蛤？三小？

我什麼都沒做，她卻叫得越來越慘。有一個主任大喊：「把他們拉開！」我就被兩個男實習老師粗暴的架回動物 fun 基地，而小秘被扶了起來，慢慢的往動物 fun 基地走。

一切突然變得荒謬，教室的氣氛也迅速變得詭異。空氣裡對小秘的不滿早已消失無蹤，因為小秘一個人在臺上繼續用眼淚演表演她的裝可憐奏鳴曲。

二十分鐘後，小秘才抽抽噎噎地說：「我們家都重男輕女——我爸對我跟我姊姊超級不好——我姊姊還離家出走——」然後她聲嘶力竭的嚎啕大哭：「我好想姊姊——姊姊這裡有人要打我——姊姊你怎麼還不來——怎麼還不來——」

聽到她大哭我直接傻眼，幹，我只是跟她理論不要不讓實習老師上廁所欸？為什麼扯到這裡？啊現在是哭三小？

我抬起頭想跟其他主任暗示「她已經瘋了」，但我沒想到其他主任也紅了眼眶，還瞪著我，其他實習老師也忍不住掉眼淚，還有幾個走上來輕拍小秘的肩膀，哄著：「沒事了、沒事了。」

媽的，難怪她爸對她超級不好。

我本來想說點什麼，卻有一個平常做事很爛、但跑夜店跑得很勤的實習老師，厲聲的對我大罵：「東東老師，我對你非常的失望，我覺得你不配當主任。」

另一個會在午休時間溜到操場後面偷抽菸的實習老師也責罵我：「啊你男生打女生不是很邱？」

還有另一個愛遲到的人大吼：「裝病的人！沒資格當老師！」

我的桌子被翻倒，幾乎所有的實習老師一擁而上，而我被推倒在地。我才明白，原來沒長腦的生物也可以活到十八歲，還可以念大學。

但我也很清楚，這之中許多犯錯的人不是真的在憐憫小秘，他們只是明白，如果不讓我成為圍剿的對象，他們做事雷、偷抽菸、愛遲到的缺點，很有可能會被提起、放大，然後使他們變成新的圍剿對象。

我倒下去後卻沒人敢打我，因為他們都在等著別人出第一拳，因為如果我有什麼不測，出第一拳的人必須負責。

「不要再欺負他了……」小秘有氣無力的被兩位主任小心翼翼地攙扶了進來。不是啊，你只是哭而已，你剛剛是去割包皮是不是？

「傷害已經造成了……」小秘說著，鼻涕泡泡從鼻孔冒出，但沒人取笑。

「我只是想讓你們知道，主任一直很努力的帶你們。尤其是這一屆的主任又有很雷的人，所以一直是我拖著大家跑，是我一直拖著大家跑！拖著大家跑，我的心真的很累！我的心好累！」小秘說著就激動地捧著胸口繼續哭。她哭起來下巴看起來更長了。

「但我會一直記得我是主任，也請你們牢牢記著，你們是老師，你們也會遇到像東東老師一樣邪惡的大人。這一次我不會追究，但我希望你們記得今天東東老師帶給這個梯隊的傷害。」

小秘慢慢的、晃著自己的肥屁股，走到辦公室的中間，好像一隻要表演雜耍的母河馬。

「但我知道，我們主任自己要堅強。我受委屈，我拖著大家跑，沒關係。但我不會無視那些傷害別人的主任，因為我要帶著各位一起前進。」

好幾個被她感動不已的實習老師在臺下喊著：「小秘加油！」而我只想說小秘真的好適合當老師，你們看，她把好幾個實習老師教成白癡了唷。

小秘向大家宣布：「請各位實習老師們注意到我這邊。因為我

們都是夥伴，所以我希望自己能給東東一個改過自新的機會。我會讓他去進行今晚沒有完成的場地布置，並且讓他分類放在演藝中心的垃圾。」

說著，小秘拿著一本劇本塞給我：「東東老師，因為你的暴力行為，我明天無法帶著真誠的笑容為孩子上臺奉獻。明天請你代替我上臺演兒童劇，我希望你能藉由扮演我的角色體會我的感受，謝謝你。」小秘霸氣的把劇本捧在我的桌子前。

幹，你不是說你被打到沒力氣嗎？

失去大腦的實習老師們開始鼓掌，我看到小秘腫脹的小眼睛底下藏不住的狡猾與笑意：「希望大家不要對主任失望，也不要因為那一兩個主任失職，就不聽主任的話，因為你們要知道，主任都是為你們好。現在大家去睡覺，我五分鐘後會去抓誰還沒有躺平。」

可憐的實習老師們抓起了自己的教書用具以及隨身物品，奮力的往走廊衝。這時候，小秘聲嘶力竭的大喊：「回來！！」

等實習老師們再氣喘吁吁跑回來時，她非常憤怒的質問：「為什麼沒有喊梯隊口號再走？你們有跟主任說晚安嗎？你們連一句讚美、一個關心都沒有給主任，你們要怎麼當老師？」

當我被小秘欽點的實習老師帶著去演藝中心時，實習老師們還在一遍又一遍的喊著：「希望大家好好的，互助互愛離島梯。希望大家好好的，動物動物 fun 手做。希望大家好好的，希望大家好好的……」

雖然沒當過兵，但我從來不知道梯隊也可以像海軍陸戰隊。

我無奈地拿起劇本開始用螢光筆畫線時，小秘終於訓完人，威風的走了過來。她對我厲聲的說：「請你學著為你自己的行為負責，才有資格當一個老師。今天晚上再麻煩你在活動中心布置場地，也請你把放在演藝中心後面的垃圾確實分類。」

接著，她裝出一副心很累的樣子，有氣無力的扶著自己的頭，說道：「拖著大家跑我也累了，真的很累。你們永遠長不大。還有，因為我怕驚動到大家，也請你不要開窗戶，今晚也不要再睡覺。請確實做好你的工作。」

接著，她去演藝中心的後門拿出錄表演的攝影機，架在舞台上，宣布會錄下整晚的情況，請我好自為之。

布置好這該死的一切後，這隻該死的醜母狗轉頭就走。我本來盤算著要偷溜出去，但我又能逃到哪裡去？我的喉嚨堆滿痰、鼻子塞滿鼻涕，而且頭好痛。我真的好累，好累。

但我是老師啊。老師是不能逃跑的，老師永遠得當最勇敢的那個，不然不能當老師。

我忍著淚水，撐起身子，打算先背手上的稿子。

我開始唸起劇本。這次我的角色是白癡小水牛：

劇本名稱：小兔子找勇氣
動物 fun 手做兒童舞台劇 第三天（早）

角色：小水牛（小秘東東老師）、小兔子（怡婷老師）、

小孔雀（雅真老師）

場景：森林（演藝中心）

音樂：楊浩老師

道具：兔子頭套、水牛頭套、孔雀頭套

小水牛：（在原地哭）嗚嗚嗚嗚～嗚嗚嗚～

小兔子：（咚咚咚的跑來）（表情誇張）欸～我剛剛聽到
一陣好難過、好難過的聲音喔！是誰呀？

小孔雀：（抓頭）恩～我也有聽到。小兔子，讓我們來找
一找！

（小孔雀與小兔子在司令台跑了一圈）

> 小兔子：哇！我知道了（語氣加重），是小水牛在哭耶！
>
> 小孔雀：那我們趕快去安慰牠吧！
>
> （小兔子拍拍小水牛的肩）
>
> 小兔兔、小孔雀：（異口同聲）小水牛～小水牛，請問你怎麼了？（兩隻手攤開，做出疑惑的樣子）
>
> 小水牛：（抬頭）小兔子，你怎麼會來呢？

唸到這裡我又睡著了，但我睡了一下下就驚醒。

幹，是誰寫這麼白癡的劇本的？我無奈地拍拍臉頰，繼續默唸白癡劇本。

> 小兔子：（把手放在小水牛的肩膀上）我們呀～來關心好朋友呀！
>
> 小水牛：（一邊咳嗽一邊哭）嗚嗚嗚嗚……我感冒了，明天還要演這個破舞台劇。我不想再遵守這個梯隊的破規矩了。
>
> 小孔雀：（疑惑）咦？這裡有什麼破規矩呢？好好奇喔！
>
> 小水牛：（抽抽噎噎）實習老師都要跟實習主任敬禮，沒敬禮就要趴在走廊上撿頭髮；我們也不能說我們開會的地

方是辦公室，要說「動物 fun 基地」，有夠智障！

小兔子：（驚訝的摀住嘴）怎麼會這樣呢？

小水牛：（哭到腸子快噴出來）我們還要唸那個智障破梯隊口號，幹！智障口號！一直唸智障口號！

小孔雀：（恍然大悟貌）你是說「希望大家好好的，互助互愛離島梯。希望大家好好的，動物動物 fun 手做。勇氣勇氣我—」

小兔子：（失去理智）人家就說喊口號很煩了你是在念三小？

小孔雀：（憤怒黑化）奇怪欸？那麼凶幹嘛？媽的智障哺乳類！智障靈長類！

（小孔雀直接從窗戶外面飛出去）

　　幹，我好像看到幻影了。但我發誓，我的眼前真的有一隻粉紅色的小兔子。

　　但我已經沒心力去思考為什麼會有兔子，沒差啦，就當我已經被逼瘋算了。

　　揉了揉眼睛，小兔子還在我眼前邊跳邊看著我。我又拿起了劇本。

小水牛：我們繼續對戲吧，唉。

小兔子：（興奮的蹦蹦跳跳）啊！我知道了！（開心地跳上跳下）小水牛現在會這樣，一定是失～去～勇～氣～了～！

小水牛：失去勇氣要怎麼辦？

小兔子：幹，你該問自己的是，你被小秘這樣弄你要怎麼辦？

小水牛：我知道怎麼辦我還會在這裡？

小兔子：你該打她！她一直說拖著大家跑！你該打她！你直接把她的白癡大象腿抬起來！拖著她到處跑！現在！拖！她！到！處！跑！

小水牛：幹可是——

小兔子直接掐著小水牛：拖！她！到！處！跑！拖！她！到！處！跑！拖！她！到！處！跑！拖！她！到！處！跑！拖！她！到！處！跑！拖！她！到！處！跑！拖！她！到！處！跑！拖！她！到！處！跑！拖！她！到！處！跑！

　　在小兔子尖銳的吶喊、以及牠掐著我造成的暈眩感中，我的腦袋閃起了無數畫面。

　　最一開始是邱老師的臉，然後是小秘大聲說學生都愛她的噁心

模樣，接著我看到小秘追著一個小男生玩，然後我看到邱老師憤怒的表情，然後我又想起了梯隊籌辦以來的委屈與辛苦，還有小秘搶功勞的貪婪、躲事情的奸詐、說自己拖著大家跑的做作以及邪惡。邪惡邪惡邪惡邪惡！

「拖！她！到！處！跑！」

終於，我用盡力氣嘶吼出了這句話。

我以為我要昏倒了，但強大的憤怒卻讓我恢復了力氣，彷彿充滿了動物 fun 能量。

我立刻站了起來，像白癡小兔兔一樣蹦蹦跳跳的拉開演藝中心的門，準備把小秘拖來演藝中心揍一頓，反正用講的她不會聽，用打的說不定還比較好。

我用最快的速度衝上她睡覺的電腦教室，悄悄打開了門，教室裡傳來小秘如雷的鼾聲。

我的眼睛適應了黑暗，才發現電腦教室開著冷氣，而且只有她一個人睡在裡面。原來每晚她說自己在電腦教室忙梯隊的東西都是騙人的，她只會躲起來吹冷氣，然後說自己拖著大家跑。

拖著大家跑，是嗎？

她根本是拖著我們下水，然後到處毀謗我、搶功勞、毀謗我、搶功勞，她是跑三小？她只是跑過來踩我！

我想起小兔兔給我的鼓勵，立刻抓起小秘的兩隻腳，握住她的腳踝，然後把她拖出那間有冷氣開超強的電腦教室。

我清楚聽到小秘的額頭撞到了櫃子，但我仍然繼續拖著她往外衝。

好險電腦教室離實習老師們睡的倉庫很遠，所以小秘狂哭狂叫的聲音暫時沒人聽到。我突然想到她這樣太吵了，就把她的臉朝下然後繼續拖著跑。

我就這樣把她的臉當成拖把、從三樓一路拖到一樓。小秘的叫聲從「你幹嘛！你幹嘛！救命救命救命！你幹嘛！」變成口齒不清的「啊啊啊啊嘎啊ㄇㄇㄇ啊啊啊啊啊啊嘎啊啊啊啊你幹嘛你幹嘛ㄇㄇㄇㄍㄍㄍ你幹嘛ㄇㄇㄇ」

這大概是她在學校做過最公平的行為了吧，因為她的臉毫無保留的接納了地板上的任何事物。她很乖的閉嘴了，因為她一開口就會吃到地板上的灰塵。

我本來要把她鎖在演藝廳，讓她嚐嚐被關的滋味，但想到她有氣無力的說自己拖著大家跑我就覺得很雞掰，但最讓我感到憤怒的，是小秘在下午時不斷追著一個清秀的小男生跑，逼那個小男生拍照。

「拖著大家跑！拖著大家跑！幹你娘拖著大家跑！！」我最快

的速度一路把小秘拖向操場，「難怪你爸會討厭你！我猜你媽也後悔生下你！」

「喔喔咿咿喔耿耿耿耿耿耿耿耿耿救耿耿耿耿耿命啊啊啊啊啊啊啊啊啊喔喔喔喔耿耿耿——」小秘已經被我拖上操場。

「跑三小！你根本連自己都拖不動！你只會拖累大家！」我的鼻涕還有我的痰全部哽在我的呼吸道，我幾乎要缺氧，但我還是抓著她的腳，開始繞著操場狂奔。

「我被你拖累了！我的整個暑假爛掉了！是你拖我！幹你娘！是你拖我！」我失去理智的大吼，用最大的力氣邁開最大的步伐狂奔。

跑到半圈的時候我突然聞到臭味，原來是小秘吐了，我就繼續喊著「跑三小！你很爛！跑三小！你很爛！」然後繼續狂奔。

小秘很重，再加上感冒及睡眠不足，讓我覺得自己快要死了，但我還是繼續讓她用臉拖操場。

小秘原本只是悶哼，但她現在已經失去理智的大聲哀鳴，發出「額額額額嘔嘔嘔嘔咳咳咳嘔嘔嘔額額額額嗚嗚嗚嗚嗚嗚嘔嘔——」的聲音。

我們俗稱悲傷逆流成河，只不過她的河裡都是她的嘔吐物，這哀鳴聲大到好多實習老師都往我們這裡衝。

我看到情況不對，才終於把她的腳摔在地板上，然後跑離操場。

小秘在我身後翻過身來，擅長裝可憐的她這次終於真的可憐了，她歇斯底里地大哭大叫：「嗚啊啊啊啊啊噁噁噁嗚嗚嗚嗚他打我他打我他打我嗚嗚嗚額嗚嗚嗚嗚嗚額額額額——」

　　微弱的月光灑下，我才看到小秘臉上掛著的鼻血跟嘔吐物，總是帶著算計與狡猾的小眼睛腫成了兩條醜斑馬線，塌鼻子拖地之後彷彿凹進她的臉；平常囂張翹起的下巴首當其衝，被磨了破皮，好像一顆沾到大便的醜陋西洋梨。

拖著大家跑很累嗎？那我現在直接他媽拖著你跑，讓我體驗一下你有多累！

　　我趁著大家的眼睛還沒適應黑暗，從操場的另一邊往校舍狂奔。沒想到小兔兔早已在走廊中央等我，牠一蹦一跳的指引著我往校舍的頂樓跑去。

　　我用力推開了安全門，廣大的夜空映入眼簾。沒有人追上來。

　　我想笑，但我卻全身發燙，而且咳嗽不已。當咳嗽終於平復，我已癱軟在頂樓的平台，昏昏沉沉的睡去。

　　等我醒來時，天還沒亮。是小兔兔把我叫醒的。我本來想要罵牠，但想想我都病到出現幻覺了，一切也不會再更糟了。

　　「嗨，抱歉吵醒你，但我很高興認識你，小水牛。」小兔兔在我旁邊跳來跳去。「雖然我天亮後就要消失了，跟這個爛得要死

的梯隊一樣。」

「沒關係，我也很高興認識你。」我邊咳嗽邊笑，差點缺氧。

「最該高興的是，」小兔兔一邊硬生生的拔下了自己的一隻耳朵，一邊跟我說話，有夠獵奇，「這一切都已經過去了。」

「對啊，梯隊終於結束了。雞掰死了。」我露出疲憊又雞掰的笑容。幹，好瘋，我居然在跟自己的幻覺聊天。

「我說一切過去，不只是說梯隊過去了。」小兔兔突然用嚴肅的表情挖鼻孔。

「啊不然勒？」還是好累。我把小兔兔拎到我的左邊，因為牠一直對著我空蕩蕩的右耳說話。

「不用再怕那些沒資格當老師的白癡了。也不用看到厚道、小眼睛、沒有眉毛，屁股還很大的狐臭醜女人就嚇得發抖。」小兔兔把鼻屎挖了出來。幹，牠的鼻屎是螢光粉色。

「三小啦。」我隨意敷衍牠。

「幹，就是你國小三年級遇到的神經病醜女老師啊，醜得要命，還要叫自己小兔兔那個。她用力賞巴掌賞到你耳朵流血後，你就一直畏畏縮縮的欸。」小兔兔把螢光粉鼻屎彈了出去。

「啊是關你屁事？」我正要開罵，卻突然咳了起來，還咳到飆淚。

「你還記得你為什麼會被打嗎？」小兔兔繼續白目，我本來不想理牠，但發生這些事情後，我又覺得什麼都沒差了。

「因為我告訴我媽，她會偷摸我跟其他男生的小雞雞。」我避開小兔兔的眼神，盡量用最若無其事的方式說出來。

「幹，只有你敢反抗她欸。」小兔兔跳到我身上，「酷餒！」

「對啊，我媽、警察，還有醫生都說我很勇敢。」我苦笑，「幹，連我自己都差點要相信自己真的很勇敢了，媽的。別人問我為什麼要當老師，我還說我要教會小朋友，怎麼樣才能變成勇敢的人。」

「說真的，有時候我還是感覺得到邱老師。」我看到下面有一堆人在喊我的名字。

「我會拖著小秘跑，不只是因為她誣賴我，害我被公幹。」我越說越激動：「是因為她今天追著她說跟她感情很好的小男生要拍照，小男生在哭，我才知道那個小男生不喜歡她。」

我以為我又會怕到不敢說下去，但我發現我講到邱老師的時候我的手已經不抖了，只是語無倫次而已。

「我很怕那個小男生又跟我一樣，你知道嗎？可是我又不敢說，但我要阻止才可以，我——」

「幹，笑死人。怎麼可能感覺得到邱老師？」小兔兔又很沒禮貌的打斷，「你就當她已經死了。」牠拿著自己的耳朵狂戳我。

「教小朋友勇敢之前，你要先教會自己勇敢。好嗎？自己。」

「好啦。」我邊躲邊說。

「但你今天蠻勇敢的。」小兔兔正色說道，停止耳朵攻擊，從

我身上跳了下來，「我認真。」

「謝了。」我吸了吸鼻子。「真的，都過去了。」

我正想再說點什麼，中年男子的大吼聲突然傳了上來。我跟小兔兔偷偷往下看，原來是保全聽到吵鬧的聲音後，跑出來罵人。

但我猜想，那群好面子又怕事的梯隊主任應該不敢說有人出事了，所以不會再有人出來搜。

果不其然，周圍迅速的又恢復安靜。我數度昏睡，但我一直強迫自己爬起來跟小兔兔聊天。

「欸，我問你一題你最會教的國小數學。」我們瞎扯一陣後，小兔兔突然沒來由的問我。

「問啊。」

「一隻兔子有兩隻耳朵，兩隻兔子有幾隻耳朵？」

「四隻。」我吸了一下鼻子。

「答錯了。」

「為什麼？」

「因為其中有一隻兔子跟我們一樣，一隻耳朵被打掉了。」

「你是在靠北喔？」

「這個下次可以放到考卷裡，一定超屌。」

「你真牠媽幹話王。」

梯隊的人還是沒找到我，我就跟小兔兔一路講幹話到天亮。隨著太陽升起，小兔兔的身影在晨光中慢慢變得透明。

　　「你真的要走了喔？」我拚命記著小兔兔的樣子。我的燒好像退了。

　　「對啊，說不定下次你再拖著小秘跑一次，我就會出現了。或是你可以再給醜女摸一次雞雞。」小兔兔用毛茸茸的可愛樣子講著雞掰的話，「到時候記得想像我有兩隻耳朵，掰啦。」

　　「你剛剛那個兔子的題目很靠北。」我看著逐漸爬上來的太陽說，「但沒耳朵的那隻兔子，會是一隻蠻勇敢的兔子。」

　　「除了勇敢之外，牠還會很懂事，你知道為什麼嗎？」小兔兔繼續打嘴砲，「因為牠左耳進，沒有右耳可以出。」小兔兔的下半身不見了。

　　「反正，牠會是一隻很勇敢的兔子。」我沒來由的又重複一次。整座校園被金黃色的陽光包覆著，一切都無可遁形。我發現自己無法停止流淚。

　　「幹，你剛講過了。還有你沒講，為什麼牠會很勇敢？」小兔兔問完這句後就完全消失了。

　　「沒為什麼，」我抹去臉上的淚水，愣愣的看著手中的兔兔頭套。我看了好一陣子，然後在晨光之中緩慢的起身，準備要回去動物 fun 基地面對這一切。

我提著斷了一隻耳朵的小兔兔頭套，然後把右耳的助聽器戴了回去。

　　我順著樓梯，往動物 fun 基地走。我聽到了動物 fun 基地亂成一團的聲音。

　　梯隊應該是毀了。我循著聲音走去，走過穿堂，也走過他們「曾經」不准我上的廁所、「曾經」要我趴著撿頭髮的走廊，還走過「曾經」束縛過我的規矩、欺騙、憤怒、羞愧，還走過他媽自稱兔兔老師的邱老師「曾經」伸進我褲子裡的手、還有小秘「曾經」的白癡行為。

　　還走過「曾經」的恐懼，深沉至極的恐懼。

　　我經過鏡子，看見自己的助聽器。

　　我感受到右耳的聽覺慢慢恢復，還有某種我曾經遺忘的、珍貴的感受，慢慢從腳底湧了上來，並在身體裡逐漸加溫。

　　我知道你可能會說那是尿意。

　　靠北喔，那不是尿意，那是個比尿意還要酷好幾百倍的酷東東。

　　那個酷東東叫作勇氣。

我們懷念他

草莓

故事的主角是草莓，是個年輕高挺的帥哥，
是參加選秀節目會站 C 位的那種。

「弟弟，你過來過來，過來一下。」

這學期的第一次教師晨會結束後，禿頭、鼻毛不修、肚子超大的資深老師——草包，一邊冷哼一邊問我：「弟弟我問你，教甄上榜叫作上岸對不對？那你知道像你這種還沒上岸的人叫什麼嗎？」

「是游泳嗎？」擔任新進代理教師的我回答。

「錯！答錯！呵呵恩呵呵。」草包笑起來像是吸過毒的醜河馬，「像你這種不知上進的年輕人，就叫作溺死鬼。」

不等我反應過來，草包就得意的、用醜醜的小眼睛看著我：「你再不跟我學習，永遠都是溺死鬼，呵呵恩呵呵呵呵呵。」

從這段對話之中，你們就能知道草包有多雞掰。

學校裡年紀大、長得醜、心腸壞的正式老師，都會藉由貶低與使喚年輕老師來自慰，草包就是最真實的案例。

為什麼會叫他草包？因為他除了用臉書在教甄社團炫耀自己是正式老師、推銷自己偷偷開的超貴教甄補習班外，他連 Word 都不太會用，根本就是原始人。而且他看到我會用電子器材上課，還會痛罵我是依賴科技的草莓族。

草包最愛以「指導上岸」的名義來要我做東做西，還有最讓我痛恨的是，他超級迷信，只要有人動到教師辦公室的風水擺設他就會崩潰；他還非常忌諱任何老師在他面前提到跟死亡有關的

字，還會把剛剛參加完喪禮的學生送去輔導室隔離，因為他覺得觸霉頭。

篤信紫衣教的他，得知我的信仰是基督教後，更常針對我。

為什麼不檢舉他呢？因為惹到他的人都會被他送去教評會。

教評會是個可以把一個人的教師證照吊銷的爛組織，所以這段日子，我只能隱忍而已。

隱忍的日子持續到學期中的運動會。老師們討論校運會的學生扮裝繞場活動。

草包知道我要我們班的小孩穿黑色的衣服扮成《鬼滅之刃》的鬼殺隊，趕忙大喊：「穿黑色衣服又扮成跟鬼有關的團體，這樣太觸霉頭了！」然後逼我換一個方案。

我只好提出讓小朋友們穿白衣、揹著小翅膀扮成天使的方案，草包聽了睜大了雙眼——屁眼跟馬眼，一個勁地指責我，說我故意用我的基督徒背景洗腦小孩。

後來討論會在尷尬的氣氛中結束。隔天我以為這件事結束了，我讓班上小孩扮成可愛動物就好，草包卻拿了一大把香與供品，要我在我們班前面拜拜驅邪，不然就把我送去教評會，檢舉我用宗教洗腦。

我滿肚子委屈卻又無可奈何，拿著香，面朝水果，向不知名的神明鞠躬。接著草包爽朗的發出「呵呵恩呵呵」的笑聲，說現在

的草莓族意志真不堅定，連自己的宗教都堅持不了，怎麼上岸？

然後我就在小朋友面前哭了。幹。

手中的線香讓我流下淚水，卻點燃了我超渡草包的勇氣。

回家後，我寄信給家長、說明昨天我哭著拜拜是因為親人過世了，所以我希望能在校運會上結合「鬼滅之刃」以及「學習如何與親人告別的課程」，進行一場「素養導向」體驗。

我還煞有介事的強調，這種活動能放進學習檔案加分，對升上明星高中一定有幫助。

小孩聽到鬼滅之刃立刻點頭說好，家長聽到明星高中馬上雙手贊成，我就這樣開始偷偷的排練我的復仇式校運會。

校運會當天，看見草包班上的小朋友居然他媽的扮成天使繞場，我才明白草包那天的「宗教洗腦斥責」，只是純粹想欺負我，以及把我的想法幹走的圈套而已。

但沒關係，草包沒看出我的圈套就好。

輪到我們班進場時，我穿著禮儀師的黑色套裝，而身後的小朋友興高采烈的穿著我租來的鬼殺隊全黑制服，舉著大大的旗子，旗子上貼著小小的禰豆子貼紙，還寫著大大的「奠」字。

最前排的四個小朋友，兩個拿著花圈，另外一個捧著我做的超大草包遺照，還有一個小孩捧著裝著沙子的骨灰罈，上面特別秀出草包的本名，寫著「林○○靈骨」。後面幾個小孩則是開心地將蝴蝶忍的白色披風戴在頭上，看起來宛若孝女白琴。

沒錯！我的圈套就是「觸爆草包的霉頭」。

我把他處處刁難、次次計較的校運繞場變成他最忌諱的畫面，而且我早已通知家長草包自願當死者範例，所以沒有任何家長來阻止我用他當死者。

操場大聲播放著往生咒與孝女白琴的混音 CD，因為被逼著負責剪輯校慶當日所有音樂的可憐鬼是我。

我的混音做得極細，裡面還能聽出有人正淒厲的喊著草包老師的名字：「林○○──林○○──○○啊啊啊啊──」

我偷偷望著叫學生自己繞場、在樓上和有錢家長攀關係的草包，等著欣賞他聽到孝女白琴的哭聲時，望向樓下的表情，而他也果然沒讓我失望。

他先是皺著眉頭看著樓下的紛亂，再瞥見自己的「遺照」被小朋友扛著。

接著，他小小的眼睛睜開了、賊賊的笑容垮掉了，露出驚慌又憤怒的表情，噗嚕嚕噗嚕嚕的暴衝下樓。

如果教師生涯有所謂的學習檔案，那麼我一定會用拍立得把草包看到送葬隊伍的模樣拍下來、放在裡面。

　　我感覺自己在短短的幾秒內震撼了草包的所有感官，因為他氣得全身的肥肉都在抖。

　　「各位〇〇小學的家長、同仁，大家好，今天我們班繞場的主題是我們學校資深老師，林老師的喪禮。」我拿起自備的麥克風，開始像禮儀師一樣介紹草包的「生前事蹟」。

　　「林老師一天到晚都在收家長的禮盒、把自己討厭的人送去教評會，還在外面偷開又貴又沒用的教甄補習班，更會利用教評會搞別人。他做了太多壞事，所以連老天爺都要處罰他，然後有一天，他就被雷劈死了。他已經死了。」我邊介紹，邊欣賞草包奮力的邁開他的肥腿向我跑來的樣子。

　　我叫小朋友們指著草包，喊著：「〇〇喔～回來喔～〇〇喔～回來喔～」

　　草包剛要對我大喊，就被小朋友們的喊叫聲蓋過。他衝了過來，卻被操場的碎石給絆倒，場面瞬間變得一片混亂。

　　你們知道代課老師的好處是什麼嗎？那就是別人笑你沒有固定工作環境的同時，你同時也享受著不被哪個地方綁住的自由。

　　我不在乎觸完草包的霉頭我將會受多少折磨，因為繞場之後我

就不會繼續皺著眉頭忍受草包了。

　　如果我還能留在這所學校，他整我就整回去，他搞我我就搓回去，我不在乎教評會會怎樣對我，我只知道，如果他到死都硬要針對我，那我就加倍針對他，直到他死為止。

　　「雖然他已經死了，在某些時刻我還會看到他的幻影，」講著講著，我看見草包的頭因為跌倒而撞到流血，仍然氣得發出「咿喔咿喔咿喔咿喔嗡嗡嗡」的叫罵聲往我這裡一跛一跛的跑過來，但我仍不動聲色地說：「像我現在就看到他在操場旁邊雞雞掰掰、大吼大叫，好像他還在世一樣。」

　　看著草包的蠢樣，我翻了個白眼，繼續朗誦我的臺詞：

　　「我們懷念他。」

　　獻給每個被學校的老骨頭說是沒用草莓族、卻不停被使喚的年輕代課教師。
　　沒上岸真的不是可恥或是丟臉的事，只要你不覺得「沒考上教甄」就是「溺水」，就沒有人可以恥笑你還沒上岸。

我會打你，

一定打你！

老吳

金童

　　故事的主角是老吳，是國中的數學老師。
　　長得像黑道，但不是像徐磊（電視劇《麻辣鮮師》的主角）
　　那樣的討喜大哥，所以大家是真的會怕他然後誤會他。
　　喜歡看熱血漫畫，堅守愚蠢的直男式浪漫，
　　從小到大都一直是個濫好人，所以覺得被利用時會非常的受傷，
　　然後刻意表現得冷淡。
　　曾經非常希望能成為那種和學生打成一片、
　　一起打籃球的那種老師。
　　而金童則是兼具機伶與雞掰的 8+9。

事情怎麼會變成這樣呢？我明明只是想要狠狠揍他一頓的。

我來不及理清思緒，金童他爸已經掐住了我的脖子。我使勁掙脫後灌了他好幾拳，等我回過神來，我們已經在警局了。

（一）

上一次去警局，已經是五年前的事了。

五年前我還是個新上任的熱血導師，我從來沒有放棄過一個學生，直到班上一位讓我費了不少心力輔導的小流氓吸毒被抓為止。

我接獲校方通知、趕到警局找那個吸毒小流氓後，一切都變了樣。學校與家長、甚至那名小流氓都把所有錯都推給我，說我沒有把學生教好。這讓我領悟：你教會學生不要害人之前，學生大多都會先過來害你。

後來，我改當生教組長，總是板著一張臉將所有學生送到少管所，絕無例外。

「輔導人、成就人、幫助人」都是笑話，「遠離小人、懲處犯人、別相信人」才是實話。我教書的唯一目的，就是每個月把鬧事的人送去管束，然後領錢，存錢買車。

汽車絕對比學生有價值。你幫學生加油，學生不會理你；你幫車子加油，車子會為了你跑好幾公里。

在學校蹲了五年，我終於買了一輛性能極佳的白色汽車，真他

媽超爽。但我他媽爽不到一個星期，就接到了一個讓人崩潰的任務——七年三班的導師管不動他們班那坨小流氓，憤而在學期中申請退休。

學校用「學生都怕你」的糞理由來命令我接管這個爛班，第一個星期我就沒收五根甩棍、聯絡九位家長，還送出十八支警告，所有學生都超怕我，原本吵得要死的班整天死氣沉沉，正合我意。

我沒料到的是，這群垃圾青少年不敢當面弄我，就來私下搞我。昨天晚上，我要離開學校時，發現有白癡把我的新車車門給刮花了。犯人是我們班最大尾、最垃圾的頭號屁孩，九號。

就叫他金童好了，因為我希望自己能像燒金童玉女一樣，把這垃圾屁孩燒回陰間。

金童上課真的吵死了，我講一句他講十句，十句講完還要即興高歌一場。班上的小孩都是他的手下，他的手下跟他一樣手癢，弄破窗戶、騷擾漂亮女老師、玩廚餘、偷抽菸，都有金童與他的手下的「糞」。**對！他們就是糞！**

讓人最氣的是，金童很愛打架，每次都被打得很慘，但他不會說是誰跟他打架。他總是主動擔下所有的錯。

他的口頭禪就是：「我連被打都不怕了，怕你們處罰個屁噢？你們不敢打我啦！」然後其他人就會覺得這個白癡很有義氣、為他歡呼。

我第一天，不，是第一節課，就放棄了他。

我猜得出來他想刮我車的原因，而且這原因讓我氣到快要燒起來了。

刮車當天的早自習，我才慶幸這個垃圾班終於安靜了，金童就跟以往一樣，要死不活的走進教室。唯一不同的地方，就是他的臉上出現了一個超大的傷口。

我雖然覺得他可以趕快死了，但我怕金童受了這麼大的傷卻不處理，金童的家長會來告我，所以就例行性的抓了一下犯人。

我宣布如果沒有抓出誰打金童，就找警察來班上查。全班嚇傻了，而且他們也想抓出傷害老大的是誰，就七嘴八舌地詢問金童，並拜託金童坦承誰是兇手。

然後金童就爆炸了。為了那種對於義氣沒用的堅持而爆炸。他叫大家閉嘴，接著掀了自己的桌子，發了瘋似地衝出去。

多虧他的消失，我們班的秩序又更上一層樓，只是到了放學仍然沒有人找得到他，我也忍不住擔心了起來。後來我接到組長的電話，得知他和金童的奶奶聯繫上，金童現在已經回家，所以沒事了。

講完電話，我朝我的愛車走去，心想終於能鬆一口氣。那口氣還沒鬆完，就隨著我的怒吼聲爆了出來。我的車被人刮了。有人

在車門上寫著：「關你屁事。」

那瞬間、被學生背叛的傷痛將我的理智淹沒；那一刻，我已不再是誰的老師，只是個愛車被禽獸摧殘的人。

如果身為教師的意義就是不斷撐著自己、燃起熱誠，然後再任由這份熱誠被那些屁孩噴出來的屁麻煩澆熄的話，那我不屑堅持什麼當老師的爛格調了。

所以我憤恨不平的幹到了金童家的地址，準備揍他們全家一頓。我憤怒的來到他家，用力的按下電鈴卻沒有人開。早已喪失理智的我狂敲他家的門，大吼：「**我會打你，一定打你！**」

幾分鐘後，金童的奶奶打開了門。因為每次金童鬧事都是她來學校，所以她認出我是金童的老師，她慌亂的邊說「老師對不起我們不方便」，邊想著要把門關上。

我還以為她要幫金童隱瞞錯誤，卻聽到一陣陣淒慘又可疑的哭叫，硬是頂著門不讓她關。我撞開門，終於闖進金童的家——嚴格來說，那不能稱作「家」。

那是地獄。

我先是看到一堆雜物與垃圾，接著聞到菸味與酒味，然後聽見了金童正在撕心裂肺的哭吼著，讓我感到陌生且恐懼——因為我從沒看過他哭。

循著哭聲看過去，有一個醉漢正在垃圾堆的角落暴打金童。金童想要逃跑又被醉漢抓住頭髮狂毆，但金童聽到開門聲卻賣力的轉過身來，對我淒厲的尖叫。

　　滿臉血跡以及鼻涕淚水的他早已痛到全身顫抖，連完整的詞都說不出來。

　　我正要上前搞清楚狀況，卻看到醉漢把金童摔在地上，大步往我這裡走來，連珠炮似的叫囂：「啊哩喜項？啊？來溫刀衝傻？哩喜項喇？」不等我回答，他手中的竹掃把早已迫不及待的往我臉上揮來。

　　我用力搶下竹掃把，醉漢立刻狠狠掐住了我的脖子。說實在的我不知道他是誰，但我明白我不反抗就會死，所以我奮力的往他肚子搥了幾拳，邊搥邊把他往牆角推，等他痛到鬆手時又往死裡打他的臉。

　　求生的本能加上連日的怒火，讓我把醉漢打到幾乎昏厥，沒想到金童卻從我身後抓住我的肩膀，想把我拉開。

　　然後警察就來了。

　　我相信各位國中老師都曾詛咒自己的學生去死，但我發誓，如果學生真的在你面前要死了，你只會拚命想阻止而已。

　　他爸在做筆錄時神智不清，只說有人闖入他家，又站起來對我飆罵，大吼什麼我一定是金童他媽找的男人之類的；而金童奶奶

跟我在一旁等著做筆錄時，金童在椅子上不斷的抽泣，他奶奶開始小聲又神經質的求我，要我說金童今天翹課去打架了、不要說是爸爸打的，金童很可憐，爸媽早已經離婚了，今天他偷跑去找媽媽，結果他媽的男友直接打給他爸，要他管好金童，不要再讓金童來叨擾金童媽媽的生活，他爸才會很生氣的管教兒子……

我明明是要來揍金童的，而且我的心中早就幻想過無數次金童掛掉的場景，但說真的，他就算掛了我也不會開心，我的車還是一樣被刮爛。

而且我不知道為什麼，就是想救金童。因為我沒辦法說服自己真的徹底不管他，而且這次不管，他下次可能會死。

因此，我站起身，連珠炮似的質問金童：

「你爸打你幾次，回答我。」

「你平常受傷是不是有很多都你爸打的？。」

「為什麼？」

「為什麼要讓他這樣？」

「因為他是爸爸。」沉默良久後，金童抬起頭來，定定的看著我。那是我看過最堅定、又最絕望的眼神。

我好像看到五年前，那個被學生搞到崩潰、卻終究無法離開教育圈的我，正在說：「因為他們是我的學生。」

「你刮我的車,這筆帳我還沒跟你算,但你知道嗎?我必須救你,以免你被這個人打死。」我看著他的眼睛,鄭重的告訴他:「這個人已經沒資格當你的爸爸了。」

說完後,我起身去做筆錄。我沒說他刮我的車,也沒提到我是想揍人才去他家的。

我說金童今天失蹤,我要去他家看狀況,然後目睹了家暴,並被攻擊。

這是我某種自私的謊言,但這種謊言裡面,我是真實的不希望警察放過這個虐待小孩的人渣,也很堅定的認為,不該放任何學生自生自滅,就算他們爛到不行。

（二）

做完筆錄之後,金童請了一陣子的假。他爸已經被送去戒毒,現在剩下他跟奶奶住。

他爸好像是把媽媽揍跑後吸毒的。輔導老師說他爸沒吸毒的時候蠻寵金童的,所以金童一直在等著爸爸脫離菸癮、酒癮、毒癮的那天;奶奶則是拚命隱藏這些事,所以一直沒有人去幫助他們,是我通報之後,所有事情才被揭露的。

金童回學校的時候,臉上的傷都好了,還長胖了一些,但他好像失去了所有談笑跟講話的能力,每天就是要死不活。

一般來說,遇到這種沒精神的學生我一律吼醒,但目睹那天的

事情之後我不敢吼金童，也連帶影響我對其他死小孩的態度。我變得先問完原因再吼，沒想到，還真發現有幾個學生是真的身體不舒服。

金童來了、安靜了、也沒鬧事了，刮車風波終於告一段落，但全班的氣氛反而更加尷尬、死寂，連我也得小心翼翼的說話。

沒有人知道金童離開的這段期間到底經歷了什麼。我一直在想，要如何向他開口詢問那天後的事情？我要道歉、責問、要他保密，還是⋯⋯關心？

我還是沒開口，金童也一樣繼續當隱形人。

不過，一個星期後，一切僵局被一通求救電話打破了。

那晚我像平凡的獨居單身男子一樣，在租來的套房熬夜玩手遊，來電鈴聲突然大響，讓我嚇了一大跳。接起電話後，我更是嚇到跳了起來。

電話那頭是金童撕心裂肺的哭聲，以及他口齒不清的求救訊息：「嗚嗚嗚嗚啊啊阿嬤被送到醫院了──媽媽都不接──電話都嗚嗚嗚嗚住院──嗚嗚嗚嗚阿嬤沒人接──」

我來不及思索金童為什麼要找我求救，就立刻趕往醫院。幹，老師是斜槓僕人是不是？他媽的。

結果是金童的奶奶跌倒，弄傷了腳踝還腦震盪，需要住院。

跟醫生弄清楚狀況後，我終於在走廊看見金童。他雙眼腫脹、滿臉淚痕，看起來根本還是個孩子。

我以為他會向我道謝，結果他看到我後憤恨的瞪著我，我問他這是什麼態度，他「哇」一聲的大哭：「我快要沒有家人了──」不等我說話，他繼續聲嘶力竭的指責：「都是你都是你都是你──」

我坐在他旁邊，本來想等他情緒平復再跟他說話，結果他把大哭當成馬拉松在拚，他就這樣充滿肺活量的轟炸我的耳朵轟了快半小時。

我被轟到受不了，怒吼：「你爸很爛！他再這樣下去會把你殺掉！」

他吼了回來：「他會變好！他之前很好！」

我繼續吼他：「他會把你殺掉！」

我們就像兩隻看到恐龍的長臂猿在走廊互吼，吼到值班的醫院人員走過來提醒我們：「先生，我要報警囉。」

「你害我爸被抓走了──都是你都是你都是你去我家打──」金童見狀，正要公布我那天失去理智的行為，我的怒氣與焦躁都登上頂峰。

「不然我當你爸！我當你爸好不好！」我大吼：「不要吵了好不好！拜託你！不要吵！」

整條走廊都安靜了。

金童嚇到忘記要吼回來。

一兩個護理師轉頭看我。

一個龐克頭孕婦偷偷的對旁邊吊著點滴的龐克頭胖子說：「酷耶。」

龐克頭胖子對我比讚：「好精采捏。」

幹！

過了良久，金童打破沉默，沙啞的問：「你要怎麼當我爸？」

我回他：「你等下來我家。」

我以為金童來我家會繼續狂哭狂鬧，我就可以順理成章的把他送回他家或是醫院，沒想到他一到我家、就很自在的穿著我他媽的運動衣、橫躺在我他媽床上睡死，隔天更是毫不尷尬的坐在我的車上（就是那輛被他刮壞的車）享用麥當勞早餐。

他吃著漢堡，很高興的宣告：「老師你家要借我住一下，不然我就跟警察講，你來我家打人。」他邊說話邊嚼漢堡的聲音超級靠北。

我握緊方向盤，完全不想理他，結果他開始慌了：「拜託啦，等我奶奶出來我就回去，拜託。」

我其實已經默默接受這種職災，所以懶得搭理他。沒想到金童

以為我要拒絕，終於說出了要住我家最大的原因：「幹！我不敢一個人睡覺啦！老師拜託啦幹！」

我忍著笑意，義正詞嚴的告訴他：「如果你要住的話，我會跟你奶奶收住宿費喔，還有精神賠償費，你知道嗎？」

「什麼精神賠償？」

「反正你不要給我太皮就對了，還有弄壞我家的東西也要賠我。」

「老師那我可以住你家了喔？」

「對啦，不想住喔？」

「那我可以叫你爸爸嗎。」

「你知道嗎？你不要住了。」

（三）

金童一開始來我家時意外的乖巧，做什麼都要問，問到我很煩，然後他就坐在我的床上邊玩手機，還偷偷觀察我。

每次被他盯著看，我都有一股尷尬湧了上來。我要他隨便做自己的事，他還是繼續盯我，我被迫放下手遊，去教他作功課。

雖然金童的基礎蠻差的，但還算教得來，就某方面而言，還算有成就感。

但最有成就感、甚至滿足虛榮心的是，因為他沒什麼生活經驗，所以我教他燙制服、整理書包這些基本到爆的知識之時，他

就會用看神一樣的眼光看著我。

抱歉，但這種被崇拜的感覺真的不賴。

隨著金童的狀況越來越正常，他奶奶的狀況也越來越好，我那突然出現的「父子生活」也慢慢的順著一條莫名其妙、卻還算樂觀的軌道慢慢行駛。

直到某一天，國文老師很凝重的拿著作文紙問我：「吳老師，請問你們班的金童怎麼了？」

那瞬間我以為金童在紙上控訴了我的一切，我的教職生涯跑馬燈從我眼前飛逝了一輪，因為我以為我就到此為止了。

沒想到，她很鄭重的說：「金！童！終！於！交！作！文！了！」

她很高興的拿著金童的作文給我看，我如釋重負，隨意把金童的作文紙擺在桌上，就趕緊和國文老師聊其他話題。

國文老師離開辦公室前，還很高興的跟我說：「想不到金童是個重感情的人耶！你一定要欣賞一下他的作文，感覺你會跟他爸爸很像，說不定家長日可以變成朋友！」

變成朋友一起吸大麻啊？我在心裡不以為然的冷笑著，同時又有點不爽，幹金童他爸長得跟壞掉的米老鼠一樣，我是跟他像個屁？

那天我沒時間看作文，但我忍不住想著，到底這些國中生對大人的想法是什麼，而我對這群死小孩又該有怎樣的想法呢？

我其實對金童沒什麼特別的想法，頂多像是當兵時遇到的年紀小的鄰兵，或是來我家參加夏令營的小孩。只不過他之前從來沒有被好好照顧過，對他做什麼他就會開始自我陶醉，而且陶醉的樣子看起來滿醜的。

我看他鉛筆盒沒半枝筆，所以帶他去買文具時，他爽得像中了樂透一樣；我帶他去逛夜市順便買晚餐，他就一直帶著看起來很笨的傻笑。他說他爸都不帶他逛夜市，他覺得自己幸福到不行。

我問他以前放學都在幹嘛，他說他跟外校的朋友混，一路混到想睡覺再回家，因為他不願意讓自己學校的人知道自己的狀況，而且那些朋友的家裡也不正常，所以可以知道彼此的想法。

原來每一隻把大人氣死的猴子，都曾經是被大人傷害的普通小孩嗎？

又過了幾天，我在學校忙得比較晚，要他先回自己家待一下，我再接他去吃晚餐。結果我去接他的時候，發現他的家裡都是菸味，我拿出他奶奶給的鑰匙打開門，發現他跟他的 8+9 朋友在抽菸。

我之前一直懷疑金童會抽菸，他只是在我面前裝乖而已，可是

我從沒有當場抓過他。雖然這次他被我逮個正著，但他一副坐立難安的樣子，旁邊那些 8+9 朋友正凶狠的瞪著他。

可能是我長得太像黑道了，所以其他小猴子看到我都不敢輕舉妄動。不過，不等我開口詢問，還是有一個頭髮抓得像白化珊瑚礁的 8+9 對我怒斥：「跨三小？我在教我細漢規矩沒看到？」

要是以前的我，早就開始宣告自己要送他們去少年院跳社會搖了，但我卻下意識的用 8+9 語氣吼了那坨醜珊瑚礁頭：「啊你這款咖小是教三小？我兒子我自己教，輪得到你教？」

我用力踹了一下門：「出去！給拎北出去！」

可能是我這樣真的太像黑道了，珊瑚頭跟其他幹幹叫的 8+9 小丑魚們像遇見鯊魚一樣，飛快的游出金童的家。

金童迅速熄了菸打量著我，臉色慘白，像一隻想著「我是誰？我在哪？」的多莉魚。

我記得我曾無數次在全校學生面前宣布，我最討厭的是抽菸的混蛋。

我看著金童，不免有點寒心。我都把他接來我家了，他還繼續抽菸，又讓我想起五年前學生吸毒的惡夢。

我嘆了一口氣：「吃晚餐的時候再跟我說是怎麼回事……」結果金童「哇」的一聲哭了出來，我以為他為了自己沒菸抽的日子而哭，正想巴他的頭，沒想到他抽抽噎噎地說：「對不起我抽

菸……對不起……」

我嚇死了，他是突然去蝦皮買了自己丟失已久的羞恥心嗎？接著他說：「可是他們一直說我放學都沒有跟他們一起走跳……也不抽菸……所以他們要我抽完一包菸才能走……」

看著他一把鼻涕一把眼淚的樣子，我突然回想起五年前在警局，我憤恨的質問我的學生為什麼吸毒，他好像也哭著說是他的「兄弟」逼他用毒品的，他求我相信他，但心寒的我好像就這樣直接轉頭就走，後面的一切才開始越來越糟。

金童跟雞掰花栗鼠一樣的哭聲打斷了我的思緒：「可是……你沒有先罵我……還說我是你的兒子……」金童哭得更大聲：「我很對不起……對不起……」

如果那時不是學生太壞、而是被逼，那我還算失敗的老師嗎？
可是當時氣急敗壞的我不信任自己的學生，也沒資格說自己是好老師，不是嗎？

吃完晚餐之後，我鄭重的跟金童約好別再抽菸了，菸癮發作的話跟我說，我陪他打籃球。

金童沉默良久後，才問我，我真的相信他可以戒菸嗎？

「我相信你。雖然你可能又會抽菸，」我腦海裡浮現那個吸毒小孩的臉，「但這一次，你知道嗎？我會相信你。」

從此之後，金童真的沒有再抽過菸，也開始像比較笨的鸚鵡一樣，一直偷偷的模仿我，學我的口頭禪「你知道嗎」，學我喝咖啡，還吵著要剪跟我一樣的髮型。

不過他也越來越放肆，會逼我陪他看他最愛的無聊布袋戲，還會求我假日看完奶奶後帶他出去玩，因為他爸從來沒有帶他出去玩過。

又過了一段日子，我發現國文老師還沒把金童的作文拿走，所以就拿著看了一下，想著之後要還給她。他的作文題目是〈最珍貴的親情〉。

「最珍貴的親情的話我要寫我爸爸因為他對我很好所以我要寫我爸。」

幹，你是喜歡你爸，還是喜歡他打你的球棒？

「……我爸爸最好的地方，就是大家都不相信我的時候他還是相信我，這是許多大人都做不到的地方你知道嗎。我們會一直犯錯，是因為覺得大人都不相信我的話我們幹嘛表現好。所以他是最棒的人你知道嗎。」

嗯，感覺金童的爸爸沒吸毒之前真的是個好人。

「我爸會陪我看布袋戲，還會記得我喜歡吃什麼，帶我去逛夜市、買文具。雖然他每次都會說我很笨但他都會教我功課，他每次都一直說我很醜沒有比他帥，但他有時候會買衣服給我，我也會幫忙洗衣服你知道嗎。」

幹，好噁，他爸跟我做的事情幾乎都一樣。不過他不是說他爸對他很壞嗎？

「……我爸長得很像黑道，雖然他留的鬍子看起來很好笑。」

我看到金童把「很奇怪很像陰毛」的部分擦掉。我摸摸自己的鬍子，有種不祥的預感。

「他的口頭禪是『你知道嗎』，他人真的很好，對自己的學生很好對我也很好你知道嗎。」

哇，金童真的好會保守秘密喔。不知道他想不想念球棒呢，我有一股揍他的衝動。

「一分耕耘一分收穫，我要謝謝我爸爸，我遇到他後我覺得我的生活都過得很快樂，這就是我最珍貴的親情。這就是我的這一

篇作文謝謝老師。」

我看到他用立可帶把「其他同學也很喜歡他」改成「這就是我的這一篇作文謝謝老師」的痕跡。

看到金童的作文後，一定是因為我太晚還沒睡，眼眶紅紅的。

（四）

我本來覺得帶金童就是在加班，不過在我買蛋糕幫他慶生那天，看著他對著蛋糕認真許願卻藏不住嘴角微笑的樣子，我才覺得根本我自己是甘願當金童的奴隸。

只不過，撇開金童每天都在毀壞我的私人時間外，金童根本是我教學生活的外掛。他總能告訴我誰最近怎麼了、誰的弱點在哪，讓我能在最近有情緒不穩的屁孩鬧之前把他們抓來談談，輕鬆擺平。

以前熱血的我會主動去瘋狂關心學生、講一堆心靈雞湯，結果講了半天完全沒人理會我。

吸毒事件之後我都用吼的比較快，可是那群屁孩根本知道怎麼做，他們只是需要大人聽他們說，然後再引導個幾句而已。

到了國二下學期，這個禽獸班沒有半個人再鬧大事。我以為我會再找到跟金童一樣可惡的學生，但當你深刻的了解學生後，你根本不會打從心底的認為誰可惡。

我還是很凶，聽到他們的笑聲我還是覺得很煩，但看到他們難過，我居然開始會心疼。幹，我以前超愛看屁孩臭臉的。

　　我曾發誓過自己不會再請學生吃東西，但他們運動會大隊接力跑輸後，全班一堆人在哭，哭哭啼啼的很煩，所以我決定請他們喝飲料。

**　　我不是真的心疼他們，絕對不是。**

　　「老師為什麼要請我們喝飲料？」體育股長破涕為笑。

　　「因為你們很努力……因為……反正今天很熱我也想喝。」我在臺上居然靦腆了起來。

　　「因為你最愛我們班！」化濃妝跑步，跑輸後哭花妝的聒噪女同學舉手狂喊。

　　好吧，這個班其實算是可愛的。

　　「並沒有。」我理直氣壯的回答。

　　（五）

　　時間過得很快，金童考上淡水的某一間高職，決定讀裡面的餐飲科。他讀餐飲科的原因讓人又心疼又好笑，因為他不想再羨慕別人可以吃到爸爸媽媽煮的菜，所以決定自己去學煮菜。

在這段期間，金童得了一堆進步獎、我們班還辦了一次班遊，金童的奶奶也出院了。她鄭重地向我道謝，還把金童接回家住，因為她覺得金童天天來煩我，讓她很不好意思。

金童回到家後我鬆了一口氣，在布袋戲播放的時間愉悅的玩手遊，還點開了我最愛的貝莉莓辣妹直播來看，卻不由得覺得少了一隻猴子的生活很空虛。

不過這樣的空虛沒有維持太久，三天之後金童又屁顛屁顛的拿著換洗衣物來按我家的門鈴。

「你知道嗎，我奶奶要我來跟你住一下。」

「幹，她不是說不要讓你來麻煩我嗎？」我憋著嘴角的笑意，打開了門。

「因為我一直煩她啊。」

「你煩她什麼？」

「我要她教我數學。」

「還有呢？」

「我問她可不可以陪我打籃球。」

（六）

畢業那天，班上那群臭到不行的屁孩抱著我大哭特哭，金童的鼻水還沾到我的襯衫，啊啊啊啊噁！那時候我就跟著發臭了。

我載著金童回家，在等紅燈的時候告訴金童：「等一下你回去一定要先洗澡。好臭。」

「喔，好。」金童的眼睛還是很腫。

「你今天畢典在哭什麼啊？你又不是以後不會再來我家。」我問他。

「我念高職之後可以再來喔？」金童本來累得快睡著，聽到之後眼睛睜得超大。

「我怕你又去害其他老師啊。」我盯著前方。

「耶！」

開學後，每天通勤的金童找我找得也很勤，但隨著他打算申請住校後，他突然不太來找我了。

知道他要住校，我本該如釋重負，可是我總忍不住擔心他又會出事。可能我得了斯德哥爾摩症吧，想到以後不用陪屁孩看布袋戲，可以一個人打電動打個夠，居然有點不捨，真的只有一點。

我曾主動問金童住宿需要什麼，但他好像用奶奶塞給他的錢打理好了。後來新班級的事務讓我忙得不可開交，他也越來越少找我，我猜想他可能急著脫離我和他奶奶，所以也沒再問他。

沒想到要去住宿的前一天晚上，他扛著一堆要帶去學校的行李跑來我家門口，問我：「老吳，我來住一晚可以嗎，我明天要住學校了，你知道嗎？」

「我說不行你也會硬要來啊。」我打開門，轉身就叫了外送：「唉，你要吃鹽酥雞跟炸豆腐對不對？」

他躺在我的床上，將電視轉到布袋戲，自在的說：「謝了爸。」

他好像長高了許多。

「你知道為什麼我要刮你的車嗎？」金童去門口取餐後，一邊遞給我竹籤，一邊問。

這一直是我禁止談到的話題，畢竟金童總是說要去當童工賠我的車，我每次都叫他閉嘴。

「因為你腦袋被刮壞了。」我盯著電視，「幹嘛講這個，還有不要在床上吃東西。」

「不是，是因為你太好了，你知道嗎。」吃鹽酥雞吃得狼吞虎嚥的金童突然轉過來看我。

「好，你腦袋被刮壞了。」我叉了一塊鹽酥雞來吃。

「大家都說你很雞掰，可是我就感覺你是個很好的老師，你知道嗎？我一直覺得你沒有真的很討厭我們班。」金童說，「但我很怕自己又相信你了，然後發現你跟我爸一樣很爛。我只能想辦法讓你跟其他老師一樣討厭我，我就不會又去相信別人了，你知道嗎？」

「靠北逆，不要學我講『你知道嗎』。」我盯著電視看。這小

子今天在發什麼瘋？

「可是我又覺得，好像還有很多人要幫忙，但我們其實都不敢講，因為講了好像就等於承認爸爸媽媽不愛我，你知道嗎？」金童自顧自的說著。以往我沒回他他就會自己安靜，或一直搖我的肩膀，但他好像沒說出來會死一樣，一邊結巴一邊努力的表達。

「你之後一定還要去幫那些不敢講的人，我也要跟你一樣，去幫其他人。」金童說話速度突然變得很慢，「所以我不能一直想說你會來幫我，我要自己去外面獨立看看，才可以不用再跟以前那些朋友混，獨立後才能罩你跟奶奶，還有別人。」

金童頓了一下，想了很久，才說道：「不然我很害怕要一個人去，你知道嗎？」

「別人其實也很怕你去，你知道嗎？」這隻猴子突然說人話，讓我以為他被鬼打到，一時之間也回不出什麼話。但金童還是持續把心裡的話一股腦地說了出來：「我以後要出來開店，然後我的員工看到你還有奶奶都要鞠躬。」

「失敗了不要來找我，不要來找我借錢。」

「我一定會來找你。」

我本來想要立刻說「滾」，但我突然知道，金童在跟我道別；我也清楚自己無法說出什麼「再見」之類的話。

離別其實不是一種立竿見影的情緒，它比較像是你突然發現此時此刻的日常景象，正在慢慢的轉變成不會重來的記憶畫面。

後來我們誰都沒開口，任由電視上的霹靂布袋戲大聲的播放，而我知道，這可能是我最後一次跟金童一起熬夜看布袋戲了。

明天金童就要離開，但學校還是有很多像金童這樣的人存在著。當然，我不會再收留像金童的人當乾兒子。不可能。

除了收留乾兒子真的是狗幹麻煩之外，就像金童說的，要救的學生實在太多，我沒有辦法在一個學生身上停留太久。

其實我不只在金童身上停留太久，我也為五年前那個害慘我的吸毒犯停留了太長的時間——長到我以為救不了學生就是失敗的教師；長到我以為我恨那個吸毒的學生，但其實我恨的是救不了他的自己；長到我現在才真正體會到身為教師的意義。

教師的意義就是：不問原因、不看結果，然後去救人。這很沒意義，但這就是教師存在的意義。

我發呆到影片結束，才關上燈，躺回床上。對於金童的擔心，以及不願承認的不捨梗在我的喉頭，讓我不知道從何說起。

「你去那邊要照顧好自己，有問題找我。」我沉默了半天，終於吐出了半句話。金童迷迷糊糊的嗯了一聲，感覺快睡著了。

過了幾分鐘，我猜想他應該已經入睡，才把下半句話說了出來，「謝謝你。」

說完後，我才知道金童沒睡著。我聽到他偷偷在哭。

（尾聲）

很抱歉，在那之後我並沒有變回熱血教師，也沒有變成什麼慈善機構收留中輟生，我依然是擅長送小流氓去少管所蹦迪的屁孩殺手。

可是這幾年，屁孩送不到幾個，我反而送很多大人進警局——在那群張牙舞爪的屁孩身後，有太多太多會施暴、會性侵、會賣毒給國中生的該死大人。

很多人說我是好老師，但我知道，我只是會看向屁孩身後的大人而已。

我會用最大的心力去了解班上每一個學生，從無例外。我帶的屁孩們都會非常痛恨我；但國三要畢業時，他們全都吵著想再被我教三年，國中生就是這麼矛盾又麻煩。

這幾年學生來來去去，很多學生會連絡我，而大部分的學生都慢慢的忘了我。這很正常，而且沒消息就是好消息。

金童是個特例。他等到自己完全適應住宿生活後才主動聯絡我，並得意洋洋的找我暢談他被選為寢室長的事。

我明白他只是報喜不報憂，所以還私下找了他的班導問狀況。一開始他很糟的時候被我抓到幾次，但他再三請我相信他自己會處理，我也就放心的不多管他了。

時間一天天過去，我們聯絡的頻率又變得更少。只是每次我快要忘記他時，他就會打電話來叨擾我。

我總是做好「他出事了」的準備接起電話，沒想到他只是邀請我去參加他的畢業典禮、軍營懇親日、結婚典禮，以及他開熱炒店一週年的歡慶日。

後來他連邀請的程序都省了，買車後常常突然出現在我家樓下，用超爛的理由塞禮物給我，或是把我「抓」去旅遊。

像是我今天又被金童擄去他新買的家作客，理由是：「新居落成需要有恩人來擋煞」。

現在我坐在金童的新家，邊聽金童興致勃勃地分享他的大事小事好事爛事、回應他請教的笨問題，邊喝他端給我的茶。可惡，是我喜歡的烏龍茶。

茶還沒喝完，金童的兩歲兒子一看到我，就搖搖擺擺的跑向我，要我抱他。是的！在金童暴風一般的叨擾下，連他的小孩都認得我。

金童養的小屁孩剪了一個西瓜皮髮型，但因為他的嘴巴跟金童一樣尖尖的，所以不像西瓜，比較像河童。河童的綽號和本名都是我取的。

我把河童抱起來，河童舞動著小手，很開心的說：「老ㄖ好！」說著說著口水就流了下來，還在我懷裡亂動，想要摘我的眼鏡。

金童看到河童這樣，趕忙著急的喊：「底迪，不要亂動老師的

東西，沒禮貌！那很貴你知道嗎！」

唉，乾兒子生的兒子也來折磨我了。

其實這副老花眼鏡不算是我的東西，因為這是金童送的。

我努力的回想著，為什麼金童會送我眼鏡。

我回想起上個月，金童把我載去百貨公司，買了一堆東西給我。

我回想起幾年前，我跟金童的女友帶著一桶炸雞去參加金童的懇親假，因為那時候金童的奶奶過世了，他沒親人了。金童要他在軍中收服的小嘍囉對我敬禮，大喊：「老師好！」讓我尷尬得要死。

我回想起更早之前，金童順利考上高職，我帶他去吃燒肉吃到飽。他狼吞虎嚥的大口吃肉，說以後要買好十輛更好的白色汽車來報答我，結果差點噎到。

我回想起金童國二那年，我對他怒吼：「不然我當你爸啦？可以嗎？幹！」

我回想起我踹開金童家的門那天，他一看到我，就大聲哭了出來。

我想了很久、很久，直到河童在我懷中睡著，放肆的流著口

水。河童的睡相又欠揍又安詳，圓噗噗的小臉蛋白裡透紅。

　　我看著他長長的睫毛，也不知不覺打起了盹。恍惚之間，金童拿了毯子蓋在我身上。進入夢鄉之前，我終於想起自己為什麼會跟金童扯上關係。

　　我回想起那一天下午，我憤恨不平的幹到了金童家的地址。我憤怒的狂敲他家的門，大吼：「我會打你，一定打你！」

　　事情怎麼會變成這樣呢？我明明只是想要狠狠揍他一頓的。

糟糕故事

每個人都會遇到糟糕的事情，就算再不糟糕的人也是。
我想告訴那些苦撐很久的第一名、以及剛剛發現 life is
a bitch 的年輕高中生：人會糟糕很正常，你不用時時
去逼自己當正能量滿分女孩，那樣很假掰，你會很痛
苦。

選擇「糟糕故事」的標準：第一，故事中的糟糕，對主角
來說是真的超級糟糕。第二，這些故事都沒有主角期望
的結局，但主角並沒有因為這些壞結局而徹底被摧毀；
或是已經發生期望的事了，但發現達成心願後，還是
過得糟透了。
可是這些糟糕的結局，反而治療了連他們自己都忽略的
某些傷痛和執念，所以這些糟糕故事，不是關於「糟
糕」，而是主角們「跟自己和好」的故事。

期盼大家都能把自己活成不完美、卻又囂張又快樂的糟
糕故事。

冷夢

主角的主角是冷夢醬，
是一個看起來會讀《源氏物語》的日系文青妹，
IG 頁面一堆咖啡廳。
我問她還有在玩 Cospaly 嗎？
她說她現在偶爾會做的 Cosplay 是跟男友壞壞的時候，
她會戴貓耳朵 wwww
（……吶、冷夢醬，其實這個真的可以不用說出來喔。）

簡單來說，我們班的 +9 妹會霸凌班上比較安靜的學生，尤其是我們動漫三人組：我、熾喵、紫幻，而我叫冷夢。然後我們還會 cosplay 涼宮春日的角色，現在想想真的蠻欠霸凌的。

+9 妹平常除了吵、挖我們的便當吃之外，還會翻我們的書包，搶我們的衛生棉給男生玩。

有一次熾喵的衛生棉只剩下那一包卻被 +9 妹搶了，所以熾喵就在午休偷偷把衛生棉拿回去。+9 妹發現後用力踹熾喵的腹部，熾喵的門牙還被打斷，被送去醫院。

隔天熾喵她爸要來學校殺人，+9 妹趁歷史課逼大家簽「804 團結大公約」，要全班聯合作證「熾喵是自己跌倒不是她用的」。

當然，「804 團結大公約」不是第一次，而熾喵一直都被欺負得最慘。我跟紫幻都不敢站出來幫她，直到現在——熾喵差點被打死了。

想到這裡我就開始自責的哭，我一邊哭一邊站起來，把那張「804 團結大公約」交給當時在上課的老師。我說完「+9 妹在上課傳假證據後」，終於覺得自己做對了一件事，趴在桌上哭得更加傷心。

這時 +9 妹大喊：「衝三小啦告狀屁喔破麻！」然後衝上來拿她桌上的鏡子往我頭上砸。

想到她差點殺掉我朋友，我就直接撿起鏡子狂砸她的頭，她拿美工刀要衝過來割我，我就搶先抓著她的頭繼續狂暴猛敲，再拿

起剪刀剪她的頭髮。

　　全班男生開始叫囂，好像還有她的乾哥抓我，但我看到紫幻也用力的一拳一拳揍 +9 妹時，就繼續狂亂的剪她那坨陰毛般的厚瀏海。

　　+9 妹邊喊著「靠北喔幹靠北喔幹」，邊用力往我臉上亂抓，我還是一直剪一直剪一直剪，我感覺我剪到自己的手了，很痛，鼻子好像也在流血，可我還是狂剪她那頭粗糙的死陰毛。

　　很快的，+9 妹粗壯的髒話聲變成尖叫，尖叫又變成淒厲的哭喊和求饒。

　　我確定沒東西可以剪後推開了她，她的身上和我的身上都沾到了我的鼻血，我這時候才發現自己的脖子、手、臉，都好痛好痛，而歷史老師直接逃出了教室，**幹**。

　　+9 妹則是頂著一顆平頭在地上抽泣。幹，她平頭真的好醜，好像一隻被肛交的娃娃魚。

　　後續呢？我們當然不像熱血小說一樣大獲全勝。我們因為在學校幹架被記過，回家還被我爸罰跪，家裡還賠給 +9 妹錢。

　　但還是有好事發生。熾喵她媽跟我媽在第八節課都會來學校當愛心媽媽，順便問（刁）候（難）+9 妹，然後 +9 妹因為平頭所以被叫尼姑，戴假髮又被我們班的猴子扯下來，所以她的國中生活就這樣陽痿了。

另外一件好事，就是我的下巴和脖子留下了一淺一深的傷口。你問我為什麼是好事？因為每次摸著這個疤時，我都會提醒自己，不要再隨便被恐懼跟破麻打倒，一次都不行。

所以，各位大坦誠女孩，請你們他媽的好好記得。

恐懼跟破麻是拿來戰勝的，不是拿來讓你留疤的。

爹地的
白色戀人

企鵝爸

故事的主角，是一位坦誠女孩同學的爸爸，
但主要事件是青澀的校園愛情。

其實我跟班上 +9 妹還算處得來，畢竟她們普遍笨，所以沒心機。真正討人厭的是那種白白嫩嫩、家裡爆有錢，女生都想討好她，男生都會搶著幫她做事的婊子。

受歡迎不是罪，罪大惡極的是那些愛裝善良，還喜歡霸凌同學的班核心，真的有夠做作。

每次運動會、園遊會，甚至防災演習都會標記班上 29 個人在臉書說「我的 902 最棒了」，然後貼一段郭靜的歌詞，好像我們都死於火災要發文紀念一樣，就是這麼的做作。她就是那種婊子。

天下婊子一個樣我就不多說了，重點是她爸超寵她，每次夜自習都會來班上發豆花或雞排，然後臭臉坐著盯著她女兒有沒有跟男生講話。

夜自習休息時間如果有男的跟她講話，她爸就會在放學的時候把那個男的叫過去問，幹，這就是糖果與鞭子政策吧？

因為婊子有公主病，所以我們都說她爸是國王，但婊子的嘍囉很會調查，所以我們就叫她爸企鵝，因為國王企鵝。

古人云：婊子配狗天長地久，婊子國中先配 8+9，所以婊子也跟國三的 8+9 猴子學長在一起了。

在一起之後，婊子晚上在爸爸的守護之下，面對所有男生都裝得跟死人一樣，白天每節下課都在跟猴子學長喇舌。而且猴子學長每次來喇舌、其他男生都超吵、瘋狂起鬨，還要播音樂，超像出殯。

這還不夠，婊子回家還會繼續為了一堆小爛事發那種像訃聞的感性文標記全班，我不懂，一直在想婊子幹嘛把自己的人生過得跟喪禮一樣？

但，婊子不知道，她的劈情卉禮，即將因我來臨。

在婊子交往滿 52 天時，她發了一張跟猴子學長喇舌的照片，慶祝自己終於要從人人拍打的米袋變成破一個洞的麻袋。

這還不打緊，她標記了我們全班、她參加的女童軍社、還有一坨別班同學，並打上「**52days 摁銅 520：D 你值得全世界的人為我們祝福 :***」，還她媽的標記我們幫忙按讚。

那時候我其實也在用電腦看臉書，結果她一標記我立刻沒命地按讚，並慶幸提早按了。

這一瞬間我突然覺得自己非常的奴性，為什麼誰叫我按讚我她媽就要跟狗一樣按讚？所以我開始了我的復仇計畫。

我把他們的臉書照片存下來，把內文跟圖片整理成 word，印在 A4 紙上。

因為我是學藝股長（大概中文系的人小學都當過學藝股長），每次學校發給家長的通知單都是我在整理，所以我把這張紙夾在學校要給家長的信裡面，直接在夜自習的時候交給企鵝叔叔，期盼一切安好，婊子死好。

隔天企鵝叔叔真的來學校殺人，一直大吼大叫要猴子學長出來。血氣方剛的猴子學長穿著吊嘎與鮮紅色的 Playboy，一手按著握力器，與其他猴子嘎吱嘎吱的走了下來！

　　企鵝叔叔盤問一句，猴子學長就立刻頂嘴十句，還夾雜了「ㄏㄚˋ～ㄏㄚˋ」的猴猖鳴，惹得企鵝叔叔越來越氣。

　　當旁邊的人大喊：「幹女兒幹不到就靠北我鬥陣欸（兄弟的意思）」時，企鵝叔叔被激怒到不行，認真抄起了旁邊的滅火器要揍猴子學長。

　　當下我只想著猴腦要被打碎了，心裡面盤算著要不要戴口罩，因為猴子都是大便的腦子被打爆應該會很臭。

　　結果滅火器真的太重了，企鵝叔叔都爆青筋了還是舉不起來。全部的人愣了一下，然後旁邊其他公猴子開始喔一喔一喔一的雞雞掰掰叫囂，說企鵝爸是老雞雞之類的。

　　說時遲那時快，一聲清脆聲響，企鵝叔叔拉開了滅火器的栓子，直接把噴嘴對著猴子們大噴特噴。企鵝叔叔沒有說話，但他脹紅的臉比誰都恐怖。

　　猴子們開始狂在走廊上猛叫，有些人跌倒、有些人哭，生教組長吹著哨子超大聲地走過來。

　　你有讀過〈兒時記趣〉嗎？整個場面沖煙飛鳴，難怪沈復會興奮到勃起。

我看到那些猴子學長又叫又跳又崩潰地到處亂竄，陶醉瞬間，我看到婊子衝出來大喊：「把鼻幹嘛！把鼻你幹嘛啦！」然後她要去扯她爸，結果也跟著被噴到。

這畫面真的美如畫你知道嗎？根本可以用白色戀人形容他們，笑死我了。

最後不斷叫罵的企鵝爸爸被生教組長駕著走了，而白色戀人們跟其他白猴也帶著被噴到模糊的五官去學務處被審問。隔天，白色戀人就這樣帶著全世界的人的祝福分手了。

據說，分手的原因不是因為他爸阻止，而是生教組長叫學長打電話聯絡家長時，佯裝堅強的學長、對著電話那頭嗚咽：「媽咪……○○○（婊子全名）的爸爸來學校弄我……你快點來接我好不好……」

故事結束了。

那年夏天微風徐徐，還是少女的我，在狹小的臺灣土地上，看到了大雪紛飛的白色風景。

那片純白，澆熄了盛夏的熾熱，也教會了我一個複雜又簡單的愛情哲學。

原來，愛情裡最可怕的滅火器不是家長，而是媽寶。

可能是喔！

故事的主角是承翰，就是那種中段高中裡成績中段、
顏值也中段、普通到不行的高中男生。
在每年開學時常因為長得比較乖，所以被選為歷史小老師。
不過因為過於平凡，所以歷史老師每次都會忘記他是哪一班的。

在任何一所臺灣的高中，要當一個酷酷 SWAG 爛泥陷阱弟非常簡單。

首先你要跟有刺青的人裝熟，接著宣告你有一天也會刺青。

然後你要跟那些看起來總有一天會去刺青的人當好朋友，跟他們一起在鐵捲門前面拍照，假裝自己會饒舌。

剩下那些看起來一輩子都不會刺青的，就是不酷的人，跟不酷的人說話，你就得要死不活的，站沒站相、坐沒坐相、一臉跩樣，越跩你就越酷，你就是酷酷 SWAG 陷阱弟。

很不幸的，我就是不酷不 SWAG 的那種邊緣內向書呆子，每次班上的酷酷裝逼 SWAG 團跟我說話時都覺得我超平凡我超噁。

更噁的是，上星期我們班重新分配外掃區域，我和裝逼團裡面最跩的那個陷阱弟被分配到同個掃區。

陷阱弟的酷酷守則一：死都不打掃，守則二：要逼那些不酷的人打掃。

我試著跟陷阱弟溝通，但陷阱弟對我根本愛理不理、完全不碰掃把，還嘻皮笑臉的跟老師裝 Bro，要老師檢查我們掃的區域，害我得在老師來之前拚死掃完所有的地方。

然後老師在班會時罵陷阱弟都在混、都是我在掃的時候，裝逼團就會對著陷阱弟發出：「Chill ～ Bro ！」的白癡叫聲，接著

他就會轉向我，用「你永遠不會跟我一樣酷，因為我最酷」的表情看我。那表情讓我想抓著他的頭，往他媽的鐵捲門狂敲。

有一天我終於受不了，在掃地時間直接跑去圖書館翻書，結果那天衛生組長來巡，看到陷阱弟在掃區玩滑板、掃區完全沒掃，鄭重的把我倆叫到學務處罵，要我們放學留下來掃，如果再被他檢查出不乾淨的地方，我們都要被記小過。

我直接委屈地掉下眼淚，還被陷阱弟大肆宣揚，全部的人又覺得他更酷了。

隔天我們掃地時，我氣不過，有點嚴肅的問陷阱弟：「你到底要不要好好掃地？」

他露出了一個自以為超級酷的微笑，說：「有可能要掃喔。」

他伸手接掃把，我遞給他，他又把手抽回去，掃把掉在地上。我忍著怒氣說：「你再不掃，我們都會被記小過欸，你知不知道？」

陷阱弟持續掛著自以為超級酷（其實很醜）的微笑，說：「有可能知道喔。」

我直接被他的軟爛裝逼狡猾樣氣到起肖，對他咆哮：「你到底他媽鬧夠了沒有？」

陷阱弟依然掛著自以為超級酷（其實真的很醜）的微笑，說：「啊，噢，有可能還沒喔。」

有可能要掃喔。有可能知道喔。有可能還沒喔。
有可能要掃喔。有可能知道喔。有可能還沒喔。
可能喔，可能喔。可能喔，可能喔。可能喔，可能喔
可能喔，可能喔。可能喔，可能喔。可能喔，可能喔。
可能喔，可能喔。酷喔，酷喔，酷喔，酷喔，酷喔，
酷喔，酷喔，酷喔，酷喔，酷喔，酷喔，酷喔，酷喔，
酷喔，酷喔，酷喔，酷喔，酷喔。酷你家死人喔，
酷喔，可能喔！可能喔！可能喔！可能喔！可能喔！
可能喔！可能喔！可能喔！可能喔！可能喔！可能喔！
可能喔！可能喔幹！幹！

我當下只覺得自己很衰，他又沒多屌，然後一直亂搞我，還覺得這樣很酷，而且我說什麼他都聽不進去。

　　我一邊哭一邊掃地，完全不理他，他在旁邊不屑的「嘁」了一聲，就開始玩滑板。

　　我越哭越傷心，直到衛生組長來檢查時還在哭，結果衛生組長看到我哭，皺著眉頭唸了我們幾句，就要我們趕快去放掃具，早點回家。

　　放掃具的路上，陷阱弟一直拿他的手機跟掉眼淚的我自拍，還一直喊：「Chill～Bro～」，走到掃具間時，還不知羞恥的要我幫他跟掃具間旁的鐵捲門拍照。

　　我當下早已沒心情反抗，就隨口說：「你幫我把掃把放進掃具間，我就幫你拍。」

　　然後他一副「我讓我惹哭的人幫我拍照囉！So swag！」的姿態，翻著白眼說：「Fine, Fine～」就把手機丟給我，然後搶走我的掃具，往掃具間裡面走。

　　看到他往掃具間裡走時，我的腦袋已經被怒氣轟得一片空白。我已無法思考，只知道自己該對他做點什麼。

我一定得做點什麼。

　　然後我就用力的關掃具間的門，把他反鎖在裡面了。

接下來我把所有的燈關掉，任由他在裡面狂敲門狂罵我。

一開始他還是趾高氣昂的用陷阱弟語言叫我開門，我不開。

他叫我 Bro、要我開門，我照樣不開。

最後他放棄了，用普通臺灣高中生的正常語調，很不 Chill 的求我開門，我照樣不開！

有夠 Chill ！五告宋！陷阱弟進陷阱！萬歲！拎北沒刺青！照樣把你弄成尖叫雞！

我在門外欣賞他的卑微，然後開始滑手機。

天色暗了，我從外面關掉所有的燈，四周頓時伸手不見五指。我確定陷阱弟哭了，因為我聽到他用力擤鼻涕的聲音。

我逼他猜我什麼時候會放他出去，但無論他猜什麼時間，我都說：「可能是喔！」接著再讓他繼續猜。

過了不知道多久，我才說：「好吧，我去找警衛拿鑰匙幫你開鎖吧，請你用很不酷的聲音，對我說謝謝你。」

在陷阱弟帶著哭腔、恐懼、恨意的超不酷沙啞道謝聲中，我走離掃具間，告訴巡邏的警衛，學校已經沒人了。

警衛和我一起離開時問我：「這棟樓確定真的沒人齁？」

我本來想要死不活的回答：「可能是喔！」可是我充滿禮貌的大聲回答：「是！大家都走了，已經沒人了。」並且偷偷把陷阱

弟的手機丟進草叢。

畢竟我不是酷酷陷阱弟，我只是一個被陷阱弟搞瘋的人。

現在我變成搞瘋陷阱弟的人了。

那種感覺真他媽超級 Chill 的。

宿舍驅魔記（上）

喬安娜

　　故事的主角是喬安娜，是我大學時期崇拜的學姊，
不論在任何團體中，她總被大家選為隊長、組長、社長。
她有多厲害呢？我有一本寫滿班上同學壞話的筆記本，
　　　每個人平均三至五頁，配上狗幹醜的插圖，
　　　　　但喬安娜的那頁完全空白。

在夢中，班導憤怒的看著被打破的窗戶，接著叫身為班長的我起立。

沒打破窗戶的我一臉疑惑的站了起來，沒想到下一秒班導用力的甩了我一巴掌：「你是領導者，怎麼可以放任同學做這種事情──」

然後我就醒了。

但我知道我是被凌晨四點的鬧鐘弄醒的。

鬧鐘的主人是佛經女，我們的新室友，是在大二下被調來我們寢室的。

遇見她的第一天，我只是覺得她有點怪。但真正的怪，是從就寢時間開始的。

她非常早睡，大概九點鐘就上床了。更怪的是，她每天早上都四點起來。

而且她不是用手機的鬧鐘，而是真正的那種裝鐵片的、會「噹啷啷啷啷」響，把人逼瘋的「鬧」鐘。

為什麼她會被叫做「佛經女」呢？因為她入住的隔天，每天早上四點起床後就把我們的電風扇全部關掉，開始掃地。

我們三點關冷氣，所以四點後我們就會同時沒有電風扇跟冷氣，然後被熱醒。

三點關冷氣，四點來吵醒，五點幹什麼呢？五點幹你老師。

五點的時候，她會大聲放佛經！幹你老師！放佛經！！！

我在熱浪與音浪間，覺得自己正在被她超渡。但為了寢室大局，我還是很頑強的活了下來。

活下去可以有什麼獎勵？答案是可以在每天五點，看到佛經女打開窗簾、讓陽光曬死我們這些怨靈，接著在陽光普照的寢室打太極拳。

你沒聽錯！打太極拳！

還有，一到下午一點，只要離開座位，即使只是去上廁所、出去跟別寢借個東西，回來就會發現檯燈、大燈都被佛經女給全部關掉；一到晚上九點，她就會關掉寢室所有大燈！

所以我們讀書、滑手機、回來做任何事情，都只能依靠自己桌上的檯燈！幹！

這就算了，她爬上床之前還會先大喊：「惡！鬼！現！形！」喊完十次後，她才會帶著她的如來歡喜心爬上床睡覺。

我們忍了三天後，鼓起勇氣問她為什麼要關燈？

帶著靦腆的微笑，她向我解釋、真正的惡鬼會在黑暗中現形，她認為我們身上有暴戾之氣，才會在九點以後就寢，並要關燈調查誰才是鬼。

「這是個神聖的驅鬼儀式。」佛經女語重心長的對我宣布後，

害羞的補充：「還有，不客氣。」

為了大局，我咬著牙說：「謝謝你幫忙趕鬼。」

我知道強調大局很雞掰，但依據我的領導者經驗，在任何團體中無論誰犯錯，領導者必定會跟著被罰，所以我只能為了不讓寢室失控而忍受著。

驅鬼儀式的第四天，她又關掉了我們寢室全部的燈準備上床去睡覺。

在她喊完惡鬼現形後，我叫住了她。我發誓，我的態度超級顧全大局！

我先問她：「不好意思，請問你能不能用手機訂鬧鐘呢？因為每天早上你的鬧鐘響時，我們都會醒來，如果用手機的話會小聲一點。」

她一如往常的靦腆：「我不太會用手機耶。」

我還真的非常相信，畢竟她平常看起來就是一副非常原始的好學生的樣子，我溫柔的說：「我可以教你怎麼訂喔！」

殊不知她發現無法推託，直接大翻臉，微笑的表情畫風全變，眼睛整個暴突出來，對我們崩潰大喊：「那你們就不要那麼晚睡啊！跟我一樣九點睡你做不到嗎？！！我每天睡覺還要忍受你們在下面吵吵鬧鬧！暴戾！暴戾！！」

我盡量放低姿態，說：「我沒有想要改變你的作息，只是請你

起來的時候用手機訂鬧鐘，會小聲一點。」

她繼續崩潰：「不要！有電磁波！！」

我跟其他室友臉上的表情真的是一模一樣的震驚，要是在看電影看到這種場景，其實很好笑。

但悲傷的是，這不是電影，It's my fucking real life.

在我完全不知道該回什麼的時候，她突然冷靜下來，但依舊很憤怒地和我談判：「那以後我們約法三章，你們都要九點半睡。我平常是九點睡的，已經給你們半小時的通融時間了。睡之後寢室不可以有任何的聲音，不可以有任何的光，因為你們是惡鬼，你們要付我驅魔的錢。這樣可以嗎？」

我努力保持理智：「其實我們對你早睡真的沒有意見，只是我們不想要在四點起來，好嗎？」

結果，我的室友們突然幽幽的說：「也不要放佛經。」「也不要關電風扇。」

佛經女直接把我當成宿舍鬼后，指著我大喊：「你這個帶頭作亂的鬼東東！鬼東東！」

接著，她從書包裡掏出一個貼著符咒的寶特瓶，打開、喝一口水含在嘴巴，再對著我的臉上狂吓她的符水。

我驚訝的看著她，但她自信的攤開雙手，再瞪大雙眼，接著拍了手一下，喊：「談判失敗！」

幹？三小？

我的理智線真的完全斷掉，拍桌站起來大罵：「你是不是有病！」

然後她又再做了一次她媽的「談判失敗」動作，爬上床睡了。

我知道只有糟糕的領導者才會抓狂，但身為受害者，我必須對得起我自己。

我打開寢室所有的大燈以及室友們的檯燈，並把手機手電筒調到最亮，直接往她臉上照。

晚上九點，我們的寢室光芒萬丈。

我用盡全力、一字一句的對她大吼：

「惡！鬼！現！形！」

宿舍驅魔記（下）

重生後，化為夜光閃亮亮復仇鬼—

談判失敗—

佛經女衝去再次關掉寢室的大燈，用肉身護住電燈開關。

「你們把手機的手電筒都打開，但別直接照到她或掃到她眼睛。」我盡領導者的責任提醒她們。

接著，為了多一點光和電，我衝去抽屜拿起之前去露營隊當值星官、要在晚會表演的 LED 燈扯鈴，在寢室舉了起來。

我嘶吼：「小朋友！我是誰！」

我以為我的室友們會大喊：「喬安娜娜士官長！」結果我的室友全部大喊：「**夜光閃亮亮復仇鬼！**」

其中一個室友用藍芽喇叭播放佛經女最討厭的重金屬音樂，我直接在寢室放飛自我的瘋狂扯鈴。

三個發光的扯鈴在繞、跳、纏、拋、甩之間，化為光與電（磁波）的往生咒、迴向佛經女。

另一個哈韓室友大叫：「應援口號！」結果其他幾個室友開始瘋狂的大喊：「牛奶皮膚復仇鬼！我愛你啊復仇鬼！！ 牛奶皮膚復仇鬼！我愛你啊復仇鬼！！」

而佛經女在電磁波與強光中，死守大燈開關、又叫又罵：「談判失敗！我說！！談判失敗！談判失敗！」

以外人的眼光來看，我們的寢室非常的歡樂，在不算太晚的時段，開了一個充滿光與熱情的青春同樂會。但這樣的同樂會，卻

讓佛經女非常痛苦。

整個晚上我們都開著燈。後來因為晚了，我們不好意思再繼續開趴，我們就把各自的電腦螢幕調到最亮，在書桌前看了整晚的劇，然後佛經女開始邊咒罵我們邊原地打坐。

我們一直熬到早上四點，我知道大家都想睡了，我打開冷氣和電風扇告訴佛經女，如果關電風扇或是關冷氣，我就買嗩吶坐在她床頭奏樂。

那晚我睡得特別好。說了你也不信，我又夢到愛懲罰班長的班導了。

他一樣怒氣沖沖，要班長站起來，而我當作沒聽到。班導生氣的問：「班長你為什麼不站起來？」

我拿起了扯鈴往他臉上砸，微笑的說：「關我屁事，我是夜光閃亮亮復仇鬼。」

醒來之後已經是中午，冷氣與電風扇依然運轉，但我發現我們的書桌上被佛經女堆滿冥紙。我的 LED 燈扯鈴上，貼滿了用雙面膠黏死的符咒，和一張便利貼：「**我贏了。**」

我早該想到的，一個會在吊帶裙裡面套牛仔長褲的人，一個會在夏天戴毛線帽的人，一個會在寢室反覆聽校長新生典禮致詞的人，根本已經不是品味差的好學生能解釋的了。

她不是佛，她是癲狂的鬼。

但抱歉了，姊姊我可是宿舍鬼后啊。

後來，那個瘋子無法原諒我們，跑去教官室說我們霸凌她，說我們每天帶不同朋友回來開趴到半夜。

教官把我們三個找去時，我們還不知道發生了什麼事。教官一開始什麼也沒說，只是很冷靜地把我們打量了一次，才告訴我們佛經女的說法，我嚇壞了，就算要告狀也不能告黑狀吧！

幸好我們真的是很普通的人，當天非常得體且優雅，我們冷靜的說完實情後，教官還說我們看起來算乖的，但畢竟佛經女看起來真的是很有可能被霸凌的類型，所以要調查一下。

教官好像問了前面幾間寢室，還有她大一的室友，發現我們才是說實話的一方。

佛經女一開始去找她的時候，提出的要求是「把我們三個全調走」，教官後來又跟她談一次，接著又把我們找去。

這次去，教官完完全全的相信我們了，因為他也快被佛經女超渡了。

原本很冷靜的教官，第一次在我們面前爆炸：「她說！我沒處理這件事！她說！她要！換到！燈光美！氣氛佳！的寢室！」

另一個教官在他旁邊大笑著補充：「她還說他是禿頭壞東東！」

教官整個超氣，咬牙切齒的吼：「好啊！看我給她分一間超棒的寢室！」

宿舍驅魔記大獲全勝。我終於知道，身為領導人，沒有義務要承擔或是忍受一切，那樣只會讓自己徒增痛苦而已。

畢竟有時候你為了大局放下屠刀，也不一定能立地成佛，頂多原地著魔。

三個星期後，我跟我的新室友在寢室一邊護髮，一邊看鬼滅之刃。我正要切下一集，她突然問我：「你知道女宿有怪談嗎？」

帶著害怕的神色，她說起了怪談：「四樓最左邊寢室不是住了六個超凶的球隊蕭婆嗎？聽說她們的寢室好像鬧鬼了。每天凌晨五點就會聽到她們房間在唸佛經，而且九點半後她們都會把燈開到最亮欸？根本是怕鬼吧？」

我正要解釋，她越說越激動：「因為，每天晚上，她們的寢室就會傳來鬼哭的聲音。好像是哭著說什麼談判的——」

忽然間走廊一陣強光襲來，打斷了我們的談話。我看見走廊最左邊寢室的平頭蕭婆，身上纏滿聖誕樹那種 LED 燈，手上拿著十支擁有不同顏色的超強光的手電筒，怒氣沖沖的、大步走回四樓最左邊的寢室。

七色的光芒在走廊末端爆了出來，我聽到平頭蕭婆大喊：「鬼

東東跟你釘孤支啦幹！」

　　晚上九點半，月亮透著冷光。女生寢室四樓飄出一聲淒厲的鬼
哭。

　　「談—判—失—敗—！」

最高的地方

牛頓

故事的主角是牛頓，明星高中的學生。
「牛頓」是他國中時幫自己取的綽號，因為牛頓曾說：
「如果我能看得更遠，那是因為站在巨人的肩膀上。」
他唯一要求我別改這個，
他希望看到的補習班同學們能知道他真的走出來了。

會考搞砸後，我的人生從「一定可以上健中」墮落成「永遠不能上健中」。

家裡不再有熱騰騰的晚餐，我媽會丟給我兩百元（真的是丟的）要我自己去買；有人打來問我成績，就會像我被車撞死一樣的哭說：「我們家底迪真的考得太差了啦！」

我爸則會突然進我的房間用力敲我的頭，說我在家等死。如果我不小心哭了，他就會拖我去家門口罰跪。

我搞砸會考後，好幾個夜晚都是這樣度過。

一開始我有種被雙親遺棄的感覺，但某晚我在門口罰跪到睡著，隔天渾身痠痛的醒了過來，忽然覺得他們不再是我的爸媽了。

我開始習慣性的拔前額的頭髮，一直拔、一直拔。

我的左前額又腫又痛，我還是停不下來拔頭髮的手，這樣我就能夠用痛來沖淡我沒考上健中的悲慘心情。

以前爸媽非常呵護我、讓我到處去補習，全科班、鋼琴、扯鈴都補，三餐一定下廚，也不准我吃外食。

我國小念資優班，國中固定是校排一到三名，生活看起來就像是個富家學霸，但我念書的理由其實非常的卑微——因為如果我考差，爸媽就會把我痛打一頓，而且不給我飯吃。

為了活下來，我死命念書，並慢慢的發現，優秀的成績除了可

以贏來安逸，還能獲得愛、肯定、讚賞，就一路拚命念到現在。

每天我都去的補習班，都從六點上課到十點半，但我非常喜歡物理老師對我們說的話。

他說，只要在健中與北醫女的榮耀之地立足，我們的人生就會一直在榮譽榜的最高位，永遠幸福永遠美滿；而且去了好的高中就能輕鬆考上好的大學，好的大學會給你成功的人生。

每次聽到物老（物理老師）這樣講，我的內心就會激動不已，因為那讓我相信我現在的痛苦可以換來永遠的幸福。

再努力一下吧，只要上了健中，我就可以幸福快樂，不用再活在他媽的讀書地獄了。

結果我沒上健中，幹。

時間軸回到我沒上健中後的某天早晨。

我爸用超粗的麥克筆在紙上寫：「賀！許牛頓同學沒上健中。」然後印了五百張。

他把我推出家門，要我發四百五十張，五十張貼在補習班的榮譽榜，他下班會去幫我跟我的落榜榜單合照，讓我看看自己有多可悲。

我藏著落榜榜單，臉臭得要命。

學校的同學跟我不熟，沒人安慰我，只是跟著其他老師一直問我怎麼沒有上健中。

我一句話也不回答，老師們也對我這種失敗者沒了興趣，就這樣尷尬到放學。

我把落榜榜單撒滿無人的教室，再去學校的班級櫃中一個班一個班的塞我的落榜傳單。撒完後手上的傳單還有一大疊，我走進巷子，把傳單塞進每一戶人家的信箱裡。

我一邊塞一邊狂哭，甚至有發完傳單就去自殺的想法。

我的最後一站是補習班。

會考後其實已經不用去補習了，但我爸說要幫我這個白癡跟榮譽榜合照，讓我知道自己多可恥。

那時候還沒上課，是晚餐時間所以人來人往。當我一把鼻涕一把眼淚的試圖把落榜榜單貼上補習班的榮譽榜時，我被三個看起來很凶的國二女生圍住。

她們問我幹嘛這樣，我老實說我沒考上健中，我爸要我來這邊貼榜單的事，說著又忍不住開始拔頭髮。

其中兩個女生聽完後跟著哭了，然後看到她們哭，其他的國中生也圍過來安慰我，還有一個國一的、沒變聲的小胖子，幫我在前額沒頭髮的地方「呼呼」。

慢慢的越來越多人把我圍住，一張張不熟悉的臉孔一直安慰

我，但我反而哭得更慘。

有幾個助教以為我們要打架，還來罵我們，沒想到他們也加入了安慰的行列。直到上課前十分鐘，女助教才趕著大家進教室上課，男助教則買了麥當勞，要我把麥當勞吃完後幫他破關，坐在這邊等我爸。

我就一直坐在補習班的沙發上幫男助教破關。我真的沒想過，被我媽說玩了就會瞎的手遊其實這麼好玩。

我爸果然在十點半一臉殺氣的來找我，嬌小的女助教和我爸吵到快要打起來，外表憨厚的男助教也一直說我爸這樣犯法。

我知道我很不孝，但看著這群不熟的人一起對抗我爸，我突然感受到了前所未有的溫暖人情。

男助教說他會追蹤我們家，看是我爸先打我，還是他叫警察抓我爸，然後「砰」一聲的把傳單丟到垃圾桶。

健中落榜的一連串災難，就這樣「砰」一聲，結束了。

幾個月後，我成為高中生，爸媽也慢慢的會和我說話。我回到補習班跟助教們道謝，才發現補習班門口再也沒有榮譽榜。

我詫異的問助教，才發現那晚過後，補習班有一堆小孩一起要求主任別再貼榜單了，好像是某個真的考上健中的同學知情後發起的，因為他們以為我最在乎的是榮譽榜上沒我的名字。

我覺得好好笑，卻無法克制的流下了眼淚。

助教告訴我，真正打動主任的是那個健中生說的話：「我自己是健中生，都不能保證我一定會很幸福了，為什麼你們可以用榮譽榜預言我們會過得很幸福呢？」

說真的，現在校排前十的我、也回答不出他的問題。只不過，看著榮譽榜上最高的地方，想起那天一點都不幸福的落榜災難，我就會覺得非常、非常的幸福。

小坦克投稿第十五集。
以上故事是從網友投稿所得題材杜撰而成的創作小說，內容未經同意請勿轉載。

活著

雅雯

故事的主角是雅雯，是便利商店員工。
雖然她不到機伶的程度，但工作一直非常認真；
但又因為一直都很認真、沒偷懶過，
所以大家都把的認真當成理所當然的事。
喜歡拉拉熊，但沒人在乎。

活著最辛苦的地方，就是生活中突然發生的隨隨便便的一件小事就可以毀了你。

我自認是一個能熬過大事的人。

我撐過了三十四學分的期中考、付了天殺的臺北市房租、繳了該死的私立學校學費，甚至是跟我媽一起熬過了開刀的復原期、幫我爸度過了他欠錢的還債期，都還四肢健全、活得好好的。

可是今天的一連串小事，完全毀了我那堅強的生存意志。

早上同組的系核心學姊沒來報告，結果是同組的我被罵；中午打給男友，干擾到他打遊戲，結果他暴罵我一頓後，立刻掛了電話；下午去超商打工，一群國中生各拿了一百個硬幣來加值悠遊卡。

我在櫃檯瘋狂的點錢，跟我搭班的老鳥以點貨為名在倉庫滑手機，而後面要喝咖啡的貴婦不停的對我叫罵；晚上老鳥輕飄飄地下班後，我負責帶今天的新人。

我請新人幫忙刷一下超商的廁所，結果新人一進廁所就崩潰的跑出來哭哭啼啼，原來是有白癡把屎抹在廁所的牆壁上。

新人像個白癡一樣哭著說：「我不敢清、我真的不敢清……」

我一邊大力的刷著牆壁，一邊叫新人去櫃台結帳。

我忍著想吐的感覺，想著今天應該不會更糟了吧？然後新人又在櫃檯大叫著：「雅雯姊、雅雯姊，要怎麼刷條碼⋯⋯」

當我滿身屎味的用力洗手、確認手終於乾淨的時候，我衝向櫃台，發現那裡早已排滿了人。

那群人好像是一夥的，應該是買酒要去唱歌的大學生。我忙亂的結帳、找錢，那夥人中有人叫了我的名字。我抬頭一看，居然是早上翹課害我被罵的學姊。

我以為學姊至少會跟我道歉的，結果沒有。

「矮額！學妹你怎麼都是屎味啊？」

「哈哈，學姊好。剛剛在刷廁所啦哈哈，哈哈⋯⋯對不起哈哈⋯⋯」我尷尬的賠笑。

幹，為什麼是我要道歉？

「你們動作要快一點啦，這樣真的不行欸！而且你們好臭！」學姊自以為霸氣的拿了酒，並對我露出了傲氣又鄙視的雞掰微笑，轉身與其他吵死人的大學生走出門外。

說實在的，我很想哭。但我連哭的時間都沒有，因為新人比我先哭了。

「做超商……做超商會被罵……」新人抽抽噎噎的哭著：「我不要做超商了……」

人為什麼要活著呢？活著怎麼這麼難？

安慰完新人後，我終於滿身屎味的下班。

我看了手錶，已經比平常晚了一個半小時下班，因為另一個來接班的老鳥遲到了四十五分鐘。

當然，我是刷完廁所才走的。

我的習慣就是：要哭就回家再哭，因為在外面哭很丟臉，又不能解決問題。

為了平息我即將湧出的悲傷，我決定去買我最愛吃的、要排隊排很久的燒仙草。雖然買燒仙草的過程被插了兩次隊，但老闆幫我多加了一份芋圓。

「妹妹，你看起來很累耶。這個請你吃啦！芋圓好吃捏！」老闆說著，將芋圓撈進我的碗裡。

我當下快哭了出來，因為我根本不愛吃芋圓。但想到連陌生的老闆都會為我加油，我還是覺得非常溫暖。

十二月的天氣早已變冷，但手中的燒仙草仍然溫暖了我的心。

也許你們會覺得這很小題大作，但對一個不斷被小事折磨的人來說，這種「小不拉嘰的小題」已經成為我活下去的力量。

只不過這力量只維持了兩分三十秒。

因為兩分三十秒後，我就遇見了那兩隻該死的國中畜生，

他們的聲音從很遠的地方就傳過來了。我放慢速度回頭一看，是兩個穿著國中制服、騎著 BWS 的國中屁孩一路蛇行，**轟隆轟隆**的朝我狂飆。

我還來不及訝異為什麼會有國中生在騎車，那輛該死的車就直直的往我這裡衝，車上那兩個死屁孩更是用力按喇叭，宛若一顆突然**轟**過來的炸彈。

我當下以為我們要相撞了，嚇得緊急煞車，整個人重心不穩，差點連人帶車摔倒在地上。好在我用一隻腳撐著整輛車，只有心愛的燒仙草斜斜的滑了下來，翻倒在地上。

驚魂未定的我將車停妥，準備看那兩個國中生是不是也受傷了。

夜已深，整條路都沒有車經過，而那兩個國中生以及他們的車就這樣好端端的停在路中央。排氣管的聲音震耳欲聾，但他們尖銳的笑聲依然清晰可辨。

一身狼狽的我立刻知道：**這兩個屁孩故意要嚇我。**

我憤恨的瞪著他們，這兩個又瘦又扁的國中生見狀，立刻得意的拍手大笑，像極了兩隻小破猴。

深色皮膚的黑猴子得意的按著喇叭大笑，後座那隻矮到不行、還沒變聲的小猴子則是發出了刺耳的歡呼聲。

我正要走向前理論，那輛該死的 BWS 又往我這裡衝來，讓我嚇得大聲尖叫。

眼看那輛車就要撞上我了，騎車的死黑猴又突然急轉彎，並一邊按喇叭、一邊加快速度騎走。

他們就這樣跑了。

驚嚇、憤怒與委屈擊碎了我好不容易振作起來的心情，我呆呆的聽著猴子們越來越遠的笑聲和排氣管的噪音，愣了幾秒，才吞下自己討不回公道的事實，拖著腳往我的破車走去。

破車旁的那灘燒仙草早已面目全非，一顆一顆的芋圓全都灑了出來、躺在馬路上，好像在提醒我沒資格活著。

我他媽到底欠了誰？為什麼每件事都要搞死我？

想到這裡，我終於憋不住情緒，蹲在車旁放聲大哭。

就在我差不多哭到沒力氣、決定要燒炭自殺時，道路前方傳來

一聲驚天動地的巨響，把我潰散的思緒震了回來。

本著「死前要做好事」的心情，我硬撐著哭到虛脫的身體，往聲音的方向騎去。

那聲巨響來自於一輛撞到電線杆、凹了進去的 BWS。巨響之中還夾雜著淒厲的慘嚎。

客觀而論，這陣慘嚎是由兩名長得不太端正、手臂上有著粗糙刺青的國中男生所發出的；主觀來說，是剛剛嚇我的兩隻國中猴臉死畜生撞到電線杆，所以倒在地上痛到鬼叫。

看到那兩隻國中猴子摔倒在路上，我並沒有感到太開心，因為我被這個場面嚇到了。

矮猴子的門牙被撞斷、滿口是血；黑猴子的半邊身體都是大面積的擦傷，他的腳以不太符合人體工學的姿勢扭曲著。

好可憐，而且本來他們就很醜了，現在更醜了。我下意識拿起電話叫救護車，並在通報事發地點後，戰戰兢兢的走向著兩隻玩火的燒焦笨猴。

我勉強算是個有良心的人，所以打算去看看他們的傷勢。不料我一走近，那隻黑猴子就尖聲嚷著：「跨撒小啦？雞婆喔？走開啦幹！」

雞婆？我？我雞婆？

哈囉？我幫你們叫救護車欸？

還是你是畜生，所以要叫獸醫？

我本來想問：「你到底幹嘛要這樣？」但我明白，這句話永遠無法得到答案。

無論是學姊、男友、老鳥、新人，還是這兩隻死猴子，他們都回答不出來。因為他們就是爛。**就是他媽的超爛！欠幹！**

所以我拿起手機撥號，冷冷的說：「你們無照駕駛，我現在要報警了。」

「不要報警不要報警不要報警不要報警──」原本凶神惡煞的黑猴子跟小猴子同時舉起手瘋狂的搖擺，瘋狂的跟我討手機，叫我別告發他們。

小猴子的門牙撞斷了，但他仍然中氣十足的喊：「否機給嘔達豆然（手機給我拿過來）──」；而黑猴子更是聲嘶力竭的尖叫：「不要以為拎北不敢打女人──」

看著這兩隻笨猴國中生的蠢樣，我突然想到了一句國中時的國文課文：**「好銳利的喜悅刺上我的心頭。」**

我一邊講電話，一邊欣賞著這兩個白癡在地上扭來扭去。

和警察說明完畢、結束通話後，我假裝自己還在講電話。

我走向那兩隻猴子，問：「我還沒真的說你們無照駕駛欸，不

然我手機拿給你，你們自己講好不好？」

兩隻猴子爭先恐後的再度抬高手要搶我的手機，而我走到他們前面時，迅速的將手機放在口袋裡。

然後，我伸出手，輕輕的、與那兩隻小猴子分別擊了掌。

對，只有擊掌。

「我已經講完了，我只是要跟你們擊掌呀。」我面帶笑容，輕輕地說：「只～有～擊～掌～唷～」

小猴子跟黑猴子一聽到自己被整，立刻再度瘋狂又痛苦的大叫著。黑猴子甚至想要爬向我、抓我的腳，但無奈他連這個都做不到，所以他爬了一步後、居然趴在地上大聲哭了起來；而小猴子早已哭到打滾，漏風的嘴巴淌著可笑的口水與鼻涕。

我看著他們，說了句：「讚唷～」接著帶著笑容，對他倆比了一個讚，然後我跳上我的破機車，逃跑了。

一切皆是如此的血腥、荒謬、卻又如此的痛快，而且痛快到我以為自己在作夢，直到我看見救護車和警察往猴子們的方向急駛時，我才確認這是真的，並把車停在路邊、脫下安全帽，然後爽快地放聲大笑。

歡快的氣氛瀰漫在空氣中，一股莫名的情緒在我的心底擴散開來。

明天我會跟教授檢舉學姊，然後告訴經理老鳥在混，還有建議他別雇用那個白癡新人，接著我要向男友提分手。

處理完這些事後，我會再買一碗燒仙草，還會加五元多點一份小湯圓。這其實也不是什麼大事，但這已經足夠讓我繼續死撐著活下來。

你可能會覺得我很誇張，但我必須要再強調一次：

活著最辛苦、也最奧妙的地方就是，生活中突然發生的隨隨便便的一件小事就可以毀了你，或是拯救你。

活著真好。

轉職歐芭喪劊子手
的外帶快手

柔葆

故事的主角是個爆幹的坦誠女孩，

也是我以前在西洋棋班的同學，打男生超級痛。

寫下這篇故事的前幾天，

她來跟我相認，然後逼我寫她的故事。

喔，幹，她打人真的很痛。

真的不要聽坦誠豬亂說欸。

我的初戀男友都叫我柔葆，我是個很溫柔的人好不好，不然他怎麼會叫我柔葆。

但是他幫我開苞後就分手了，操。反正這個世界上就是有各種像這樣的、很討厭的事情突然冒出來，然後隨著你一天天越長越大，慢慢的你會知道：你討厭的事情通常不是無常，是日常。

我考上學店之後，麗燕（我阿嬤）的身體也慢慢不行，然後我就開始背學貸。

背完學貸之後就要開始沒命的打工，然後不能參加宿營、再被系學老鼠會的人嘴是邊緣人。

一開始我照樣誰惹我我嗆誰，但後來我在打工的地方、因為臭臉而收到第一張客訴單時，被老闆扣了三千元，從此後我就變成了客人的狗。

這個社會花了三千元教會了我：**服務業，就是狗**。人是會為了某些事情改變的，就像我為了錢變成狗。

尾牙期間，飯店非常忙。

尾牙除了穿得超少、一直上去對帥男同事扭的瞎妹之外，就屬一直吵著打包、一直逼人微波愛玉、一直想要改變上菜順序的死歐芭桑最煩。

就像今晚的歐芭桑，在上第六道菜的時候才來，還問能不能為

她補上第三道的魚翅羹，而且要整盤的讓她打包走，不是她單獨的。

「唉唷，妹妹，這個羹一定會多的啊。阿姨知道啦，幫我問一下嘛，幫我爭一下喔。」

我問了五百次廚房能不能再放一盤魚翅羹都被回絕，也對歐巴桑說了九百次不能重複上第二盤，但歐巴桑還是一直問一直問一直問。

幹，講到最後我只能無視她，因為太多菜要上了，我們還要同時幫忙打包，真的沒空屌她。

結果在我要走的時候，她抓住了我的馬尾。

對，用抓的。

「妹妹，大人講話你要聽啊，妹妹？你有沒有聽到？」歐巴桑非常的憤怒。

我痛到眼淚快要流出來，我忍住情緒，說：「魚翅羹已經上過了，廚房說不能補給您，等一下再幫您問一次能不能補。」

「妹妹啊，我說呀，我沒有吃到魚翅羹捏，我有付錢呀，你們做生意不能這樣。不然你幫我打包一盤的呀？對呀？我們用智慧解決事情呀？」

歐芭喪開始對我進行社會教育。我的眼淚終於流下來，幹，媽的，幹。我他媽的只是來賺錢，又不是來煮羹，也不是被你當成假陽具一直拉扯的，你他媽到底有沒有把別人的女兒當人？

　　「妹妹你臉幹嘛這麼臭？不可以一直哭呀？哭不能解決事情呀？對呀？」歐芭喪開始嘖嘖嘖嘖嘖的發出噪音。

　　接著，歐芭喪以一個地基主，不，是女主人的姿態用手指點點點點點的叫我的同事過來，然後嘖嘖嘖的要我同事請經理出來。

　　「有時候年輕人就是會犯錯，沒關係沒關係，我們就是好好檢討，好好改進，沒事沒事沒事沒事來來來來吃飯。」旁邊的歐芭喪幫腔。

　　「沒事沒事沒事沒事。」我以為我能忍，但我聽到我的聲音在用雞掰至極的方式學歐芭喪。

　　「沒事還一直操他媽魚翅羹！」

　　我知道事情一發不可收拾，就轉過去對她們嘶吼。

　　歐芭喪開始尖銳的咆哮，說年輕人怎麼可以這樣那樣，我知道要搞就搞大一點，直接衝到廚房，抓了一個鍋子，然後把廚餘倒到鍋子裡面。

　　我咚咚咚的跑回會場，奪過智障歐芭喪的包包，把混著魚翅羹的廚餘全部倒了進去。

「打包好囉！！」我用吼的宣布，接著把廚餘魚翅羹全部撒在智障歐芭喪的頭上，然後雙手捧著她的濃妝衰老爛臉，對她淒厲的尖叫：「魚翅羹好不好吃？爽不爽？有沒有很爽？爽嗎？幹？說話啊幹！說話啊幹！」

歐芭喪在我的手掌心神智不清的又哭又叫，我的餘光瞄到經理要跟其他男同事把我拉開。

我的耳朵聽到其他白癡阿喪要報警和聯絡記者，所以我甩開歐芭喪，直接抄起她們桌上放的、她們一直要我續杯的紅酒，往嘴巴灌、再含在嘴巴（她們會偷偷把紅酒倒在保溫瓶帶回去），最後再對她們每個人用力的呸出來。

漫天的紅酒和著歐芭喪驚慌的哀號聲，在尾牙會場盡情蔓延。

我憤怒的大聲尖叫：「還要不要續杯？幹？還要不要續杯？幹，幹！！！」滿臉紅酒的歐芭喪們，有的哭喊、有的跳起來用指甲抓我，她們就像狼人化的茉莉兒，而我即將屍骨無存。

在推擠中，我抓起剩下的紅酒喝了一口，好苦，可是好香。

那瞬間我突然覺得自己像個人了。**真真實實的、有人權的人。**

一切事情，隨著惱羞成怒的歐芭喪同桌歐雞喪拿酒瓶用力敲我的頭而落幕。

但還好她拿酒瓶敲了我的頭、讓我縫了好幾針，還把我的臉書

放上爆怨公社說我是破麻，所以我不但不用賠她們，她們還因為誹謗、傷害，賠了兩萬給我，畢竟她們這種偽善董娘最怕被人知道使用暴力。

　　最後我當然辭了工作，現在在五金行當收銀員。

　　以前下班回家休息，我會因為被客人雞掰而哭，麗燕問我怎樣，我會說考試考不好，不讓她擔心。

　　現在我在家吃消夜的時候，想起歐芭喪哭叫的表情，就會忍不住微笑起來。

　　麗燕看我微笑，其實沒多問什麼，但如果她問我為什麼微笑，我會說，我現在像個人了。

懂玩
大怒神

本篇的主角是武藏、喵喵、小次郎，
因為他們常常遇到比神奇寶貝還要神奇的超雷組員。
武藏是長相很清秀、但氣場很強的女生，
喵喵是很不愛洗頭但個性很可愛的網美，
小次郎則是皮膚很白、嘴巴很壞的日系打扮男子。

我們本來叫同組的學長「雷神索爾」，因為他太雷了；但期中考之後，我們改稱他為「雷包木耳」，因為他爛到沒資格和「神」這個字扯上邊，而且他就像木耳一樣，把組員當成沒價值的木頭，並理所當然的依附在我們這些木頭上吸取養分。

這位木耳是我們新聞系的大六學長，聽說家裡很有錢，還交過一堆女友，卻是個出了名的雷包。

平常他都不來學校、每學期只修最低限度的學分，並藉延畢來讓兵役與出社會的時間跟著一起延後，也算是和我們相安無事。

但我們的系主任看不慣他的懶散，也發現他的曠課次數足以到達退學的程度，所以在上學期勒令他必須把所有學分在這學期補完，不然就讓他真的退學。這個舉動讓木耳開始瘋狂選課，也開始瘋狂的雷別人。

他有多雷呢？

他總是會說自己的外婆過世、跟教授請喪假，請完喪假就是請病假，請完假就是去夜店、帶著妹子出去玩，完全不討論報告。

狡猾的他整學期沒做事，卻有辦法靠小聰明全都 All pass，甚至還上 PTT 炫耀自己廢了半年，教授卻超級喜歡他。

而且他超級無敵在意別人的看法，身為網紅的他養了一堆可悲的瞎妹，每次有人對他表示不滿他就會被公審，我們學校的黑特

網上一有他的黑料，就會被他的白癡粉絲檢舉到不見。

新聞系有多討厭他？舉個例子好了，上學期新聞系卡那天，我的摯友兼室友喵喵上台改編了周杰倫的〈屋頂〉，把歌詞改成詛咒木耳休學的內容，因為她上學期已經被木耳雷過了一次。

她彈著吉他，在舞台上淒美著唱著：「擁抱這時刻！這一分一秒！全都停止！我不用糾結──你要被退學──」時，台下歡聲雷動，那天喵喵還得到最佳人氣獎。

我們就是這麼痛恨他。

因此，下學期開始，只要打聽到這堂課有木耳在，每個人都會像玩生存遊戲一樣爭先恐後的組隊、交上組員名單，生怕木耳突然長在自己的分組名單上。

很不幸的，我們這一堂課的教授是資深媒體人，他霸氣的宣布媒體人就是要學會和所有同事相處，就用抽籤的方式來決定木耳要去哪一組，我和喵喵、小次郎就這樣被抽到和木耳同組了。

而且！木耳！那天還沒來！

這就算了，更誇張的還在後頭。

我們這堂課是「採訪實務」必修課，要找一個大人物實際採

訪，我立刻當眾提醒木耳不要再雷人，木耳也當眾霸氣的說自己會負責採訪對方，還逼著我們相信他。

結果要採訪那天，藝術家憤怒地告訴我們木耳沒來。心思纖細的他還打給我們教授，害我們又被叫過去被痛罵了一頓。

被罵時我才知道，木耳早已在採訪前一天發信給教授，說他要去醫院看外婆，所以他在學校遇到我的時候，就要我代替他採訪了，但我好像很忙，可能是我忘了。

幹你娘雞掰操你媽的臭熊熊，你最好是會來學校！你根本沒來學校！

我當下慌得哭了出來，跟教授說木耳根本沒來學校，但教授已經聽信於能言善道的木耳，反而要我拿出木耳誣賴我的證據來。

媒體人最重要的就是人證、事證、物證，木耳惡人先告狀，我又口說無憑，只好含著眼淚、在喵喵與小次郎的陪伴之下回宿舍痛哭，並在期中報告截止前緊急聯絡一位作家，苦苦哀求他讓我們採訪，並熬夜整理採訪資料。

木耳當然沒有加入這個團隊工作，期中報告還搶了小次郎的部分去講。

據下課後留在教室吃早餐的學弟爆料，木耳在我們離開之後告訴教授，那位作家是他找來的，因為他不忍心學妹因粗心而失

職。

我開了一個 IG 分身帳號追蹤木耳和他女友，透過木耳女友的 IG 貼文才知道，採訪藝術家那天，木耳根本沒去看外婆，而是帶著女友去看海，然後海放我們這些無辜的組員；而木耳寄的「外婆生病」照片，根本是安養院隨便一個老人的照片。

我將這些證據印下來交給教授，沒想到偏心又好面子的教授要我們當面錄影、甚至直播給他看，他才會相信。他還說我是固執己見、用專業害人。

這徹底擊潰了我。

我為了成績，像是教一隻未開化的靈長類一樣循循善誘，木耳終於答應要幫我們做期末報告的逐字稿。

但，狗改不了吃屎。期末報告的前一個晚上木耳還是沒交出說好的逐字稿，我用特別創的帳號去看木耳和他女友又去哪裡混，卻不經意從她女友的貼文中，得到一個人神共憤的消息。

很多女孩都會問我，真愛是什麼樣子呢？當一個男人愛你時，他就是願意為了你翹掉期末報告，帶你去遊樂園感受幸福。寶貝我們大怒神見！放鳥我我就會變成大怒神哦！

慶祝交往 15 天 # 臺北女孩 # 臺北男孩 # 我的寶貝是雷包
真愛黑白配 #happy#love#101#cute#mybaby#yolo
說愛就愛 # 說走就走

說愛就愛！說走就走！期末報告！去遊樂園！玩大怒神！

我看完後立刻去助教的寢室，打聽木耳明天是不是請假，不會來報告。

助教詫異的問我：「木耳的外婆死了呀，他明天要去參加葬禮，但他說他會先教你們做書面報告。他沒有告訴你們嗎？」

我知道教授與助教都站在木耳那邊，只好和喵喵發了瘋似的狂打給木耳，而木耳完全沒接，估計是把我們封鎖了。

那時候是深夜十一點，我們來不及好好的哭，只能一邊掉眼淚，一邊做自己其他科的報告，一邊補做木耳該交的逐字稿。

早上四點，我們仍撐著紅腫且疲憊的雙眼，馬不停蹄的趕工，同時制定了一個懲罰木耳的計畫。

早上五點，我們收拾完所有爛攤子、確認一切都準備到最好後，帶著慷慨激昂的心情出門，準備要面對期末報告。

早上六點，我和小次郎會合。我因為一夜沒睡，所以頭有點暈，彷彿看見我的肝正在爆炸。

早上八點我更累了，我彷彿看見了我的靈魂正在出竅。

到了早上十點，我幾乎要被睡意壓垮。我彷彿看見木耳跟女友卿卿我我、開開心心、舒舒服服的在九族文化村的大怒神人潮內，勾著手、排著隊、忽略著自己的羞恥心。

但，這景象不是「彷彿」看到，而是「真的」看到。

真、的、看、到。

因為！我跟小次郎！直接衝去遊樂園堵木耳！

我跟小次郎從九族文化村一開門就衝了進去，像個瘋子一樣等著木耳和她女友來坐大怒神，而喵喵負責留在學校跟教授告狀。

我們整個早上都隱身在旋轉木馬上、瘋狂的刷新他女友的 IG 監測行蹤，終於等到他們來大怒神排隊的那一刻。

當木耳穩穩地坐上大怒神的座位時，我的血液沸騰，疲勞全都一掃而空，我像是打完仗見到家人的美國大兵一樣拖著一堆裝備，拉著小次郎飛奔到已經坐定了的木耳面前，用顫抖的聲音對木耳打招呼：「組員組員嗨咪嗨咪！」

木耳就如同我腦海裡無限排練過的模樣一般，用詫異的表情看著我，而沉潛已久的我終於能淒屬的對他又叫又笑的唱著：「抓你翹課是誰！是我！抓你翹課是誰！是我！是我！是我啊啊啊啊嘎啊啊啊哈哈哈！」

小次郎舉起攝影機，對著木耳的女友大喊：「同學！嗨同學！」

木耳的女友一臉疑惑的問：「蛤？誰？我？你誰？」

而此刻大怒神已開始運轉，小次郎一邊欣賞的木耳蒼白的臉，一邊愉悅的嘶吼：「等你們坐完大怒神！你男友！就要被退學了啊啊啊啊啊啊哈哈哈幹幹幹！」

他倆還來不及反應，大怒神就把他們送了上去。

我跟小次郎在大怒神之下發出淒厲的尖笑，笑著笑著開始激動得抱頭痛哭。

　　但我們的激動只維持了三十秒，因為我們必須要錄下這精采的世紀大片。

　　在劇烈升降的大怒神上，我看見木耳很想好好整理被瘋子組員抓包、學歷完蛋的崩潰情緒，但猖狂的離心力與周遭國中生們的尖叫聲不斷重複刮斷他的理智，大怒神才上升下降兩次他整個人都崩潰了起來。

　　大怒神上升我們就大喊：「學歷學歷飛走了！」下降我們就大吼「地獄地獄你來了！」木耳終於承受不住我們的崩潰攻勢，開始在遊樂設施上放聲大哭。

　　狡猾男人的淒厲哀鳴根本是仙境的天籟，我把手機裡截的圖、捕捉木耳玩大怒神的影片傳到課堂的大群組，然後拿起單眼相機捕捉木耳在遊樂設施嚎啕大哭的美麗風景。

　　木耳的鼻涕、眼淚要飛了出來，又糊在他的臉上，他張開口要喘氣，鼻涕又嗆得他咳嗽不已。好醜好可憐！好醜好可憐！好醜好可憐！

　　這時喵喵傳了訊息，要我們開視訊，因為她現在要上台代我們報告了，她想要用投影螢幕播放木耳崩潰的畫面給全班看。

　　我近乎狂喜的打開視訊鏡頭，而身後的大怒神剛好結束這一輪，小次郎衝上去把意志渙散的木耳拖了過來。

「教授教授他們來了！他們今天去抓說謊的學長！」喵喵欣喜的在螢幕另一端大叫：「他騙你！他外婆沒有死掉，他請喪假！是去九族文化村玩！」

直播畫面中，我們看見在她身後，其他那些被雷過的新聞系同學們、都開始鼓掌歡呼。

「教授！是他！是他翹課！他阿嬤沒死掉！沒有！沒死掉！他說謊！」我完全失去好好說話的能力，不顧旁人的眼光，直接把木耳的頭抓了過來面向視訊螢幕，對著另一頭的教授大喊：「證據證據有證據！證據！是證據！」

你們真該看看木耳的表情。他看起來快死了，原本還想掙脫的他，一臉驚懼地看著畫面中的教授。

「他！是他！」小次郎在後面用力的扭著木耳的耳朵，對著螢幕大叫：「教授！學號110402266！李穆爾！他都沒來上課！這堂他要報告！但他去九族文化村玩！還騙你他阿嬤死掉！」

教授看起來詫異極了，但我總感覺他在憋笑。他轉過身問台下的人：「同學們，這個李穆爾真的很會翹課呀？」

「對！」教室裡面所有同學大聲回答，喵喵更是聲嘶力竭地大聲哭喊，又重複說一遍：「對！！」

教授看著鏡頭，面不改色的問：「那你們這敬業的記者，報告

沒來怎麼辦啊？」

「我們今天早上有先預錄上台報告的影片了，謝謝教授！」我瞪大眼睛，對教授投以最期盼的眼神。

「那麼李同學，你的外婆真的過世了嗎？」教授的眼神又轉為銳利。

「報告教授，沒有。」木耳結結巴巴的回答。

教授沉默了一下後，說出那句我最想聽的話：「李同學，很遺憾，現在人證、事證、物證都一應俱全啦，你的這一科我不能給你分數啦。」

「可是教授，我這科沒過會被退──」木耳的聲音開始顫抖，像極了屁股被灰太郎啃掉的懶羊羊。

「會被退學！」喵喵在直播的另一端直接開心的旋轉起來。

「他媽的他要被退學了退學了退學了！」喵喵大叫完後，視訊鏡頭的另一端傳來所有人的歡呼。

木耳正要痛哭，卻因為太激動的情緒和剛剛的遊樂設施吐了出來。

我愣了一下，隨即立刻悲喜交加的蹲在木耳旁邊，大聲唱起了喵喵改編的、周杰倫翹課版的〈屋頂〉：

「我抓他翹課是誰──」
「是我！！」小次郎吼了回來。

「你抓他翹課是誰──」

「是你！！」

「怎會有白癡雷包環繞在我倆的身邊──」

　　我們兩個像是被皮卡丘電到的跳蛋一樣，在嘔吐不止的木耳旁邊引吭高歌、手舞足蹈。

　　我聽到螢幕那端的喵喵尖叫：「被他雷過的人一起唱！」

　　「在屋頂他翹你的課──」我激動得流下眼淚。

　　「在屋頂和翹課的人──」小次郎唱得噴口水。

　　「將泛黃的夜獻給我他媽退學──」我們和螢幕另一端的所有人一起唱著。

　　「擁抱這時刻！這一分一秒！全都停止！我不用糾結──你要被退學──」

　　整間教室與整個九族文化村，都迴盪著我們將雷包組員獻祭給大怒神的神聖樂音。

　　我沒能唱完整首歌，因為這幾天太過操勞又太激動，我唱完「全都停止」後，突然站不穩了，但我還是披頭散髮、歪歪斜斜的走向蹲著嘔吐的木耳，拍拍他的肩，在他耳邊重複說著：「嘻嘻嘻全部停止了嘻嘻嘻……退學嘻嘻嘻嘻嘻嘻……」

　　木耳本來要抬頭瞪我、卻被我猙獰的笑容嚇到整個人重心不

穩，跌在自己的嘔吐物之中。

嘻嘻，嘻嘻嘻。九族文化村的誅殺雷組員九族之旅，就這樣結束了。

期末過後就是大家引頸期盼的寒假。

教授主動發信給我們，說木耳的成績不及格，並給我們每個人最高的分數，因為他覺得我們實事求是的精神，是所有記者的典範。

木耳真的被退學了，因為其他堂課的組員聽到我們的故事後，也開始全面蒐證木耳太雷的證據。

木耳沒了名校光環後被女友提分手，家裡也把他趕了出去。他現在好像在打零工，準備重考大學。

說實在的，我認為木耳被退學也好，反正在這所學校他根本沒有學到任何對社會有意義的東西。

但也不能說完全沒學到啦，因為我們這些組員在學期末教會他一個重要的人生道理：

如果你翹課去玩大怒神，你的組員就會變成大怒神來玩你。

在一月二十日發生的一些小事

阿源，男，22 歲。深信自己的幸運色是藍色。

可麗莎，女，26 歲，基隆人。擔任直播主。

佑愷，男，19 歲，桃園人。來高雄念書的大學生，喜歡蝴蝶忍。

Alex，男，31 歲，臺北人。某間小公司的會計師，喜歡聽饒舌歌。

雅琪，女，17 歲，宜蘭人。成績平平、人緣平平、胸部平平，
但瀏海怎麼梳也梳不平。

最後一篇故事，是我送自己的生日禮物，因為我的生日是一月二十日。

獻給每一個曾經哭得很醜、被罵得很難聽，可是還是用盡全力生活的大坦誠女孩。

（一）

一月二十日凌晨一點零五分，阿源在新北市板橋某棟公寓的故事。

阿源終於向他女友，以及那些跟風罵他的網友提告。

因為他責怪他的假知識青年前女友劈腿，結果她惱羞成怒的說：「我只是在進行社會實驗，我主張不壓迫女權的開放式關係！」說完還在網路上散播阿源的屌照，還誣賴阿源強暴她。

但這一切災難都要結束了。阿源帶著微笑，看著警方將他的假知識青年前女友架走。因為她接到筆錄通知後，拿著刀來阿源家威脅他不准提告。

她被架走時大喊著：「我遭到父權主義攻擊！臺灣男生父權主義！」

濃濃的倦意襲來，失眠已久的阿源終於能安心睡覺了。

（二）

一月二十日凌晨四點十三分，可麗莎在某直播平台的故事。

被公司逼著要裝成溫順小母貓的網紅——可麗莎，在直播的時候忘記開濾鏡，素顏一覽無遺。

她的素顏其實不醜，但 PTT 依然罵聲一片。

她想著反正都被發現真面目了，就在直播平台上大罵那些無緣無故叫她死台女的、卻愛私訊問她能不能做愛的醜宅酸民。

罵著罵著，她突然覺得當直播主真好。

（三）

一月二十日中午十二點四十六分，佑愷在城市光廊附近的某間拉麵館的故事。

嘛，我近期做過最解氣的事情，就是上次在拉麵店一個人用餐時、放飛自我的時刻吧。

我一個人津津有味的吃著拉麵時，一對坐我旁邊的情侶自以為沒人聽到、卻超級大聲的說：「傻眼捏傻眼捏有人一個人吃拉麵耶！」說完後還深情凝視彼此，然後露出了醜到連慈善團體都不屑捐錢給他們的噁爛笑容。

所以，我就很親切的對他們招招手，問他們：「嗨尼嗨尼！可

以請教一下嗎？」

　　男生為了在女生面前裝酷，所以擺出又醜又賤的表情問我：「嗯怎麼了嗎？」

　　我站起來、貼著他的臉，對他大吼：「幹你娘！我一個人吃飯是關你屁事操！看三小！雞掰三小！講講講講三小？幹！」

　　然後他們就閉嘴了 www

（四）

　　一月二十日晚間六點三十分，Alex 在臺北車站附近的故事。

　　終於下班了，我拖著被摧殘的身心，到臺北車站附近牽我的摩托車。

　　你知道的，臺北車站的機車位比五月天的票還難搶，幾乎所有機車格都是滿的。

　　我要牽車的時候發現自己的車被亂移，真的是狗幹難牽，旁邊還有一個等著要停我車位的白癡醜男在我旁邊瞪我。

　　我已經向那個醜男點頭表示歉意，要他再等一下了，他還是很大用力的噴了一聲，然後說：「厚！靠北！」

　　我聽了氣到不行，並迅速想出惡整他的方法。我用緩慢的速度開我的後車廂，而他後面的車已經狂叭他了，他又不耐煩地叫

著：「吼唷！快點啦！」

接著，我用更緩慢的速度把安全帽脫下來、放進後車箱，然後對他說：「不牽了，我搭捷運。笑死唷。」說完，我迅速蓋上車廂，走掉了。

幹你娘再催啊，催你自己懶覺啦。

（五）

一月二十日下午兩點十五分，雅琪在宜蘭某間國中的故事。

媽媽因為外遇，所以和爸爸離婚，也不准我們跟著她。

她丟下我和妹妹、以及對她很好的爸爸那天，我突然失去說話的能力。

這兩個月以來，我連一個字都說不出口。

可能是媽離家那天，我和妹妹哭喊了太多遍，結果怎麼喊、怎麼叫、怎麼說，都無法挽回她吧。

說話有什麼用呢？還不是改變不了任何事。我就持續像個啞巴一樣，拒絕跟任何人說話。

我的生活麻木、成績退步，每天都行屍走肉，還開始計畫著要自殺。

但，在我得知我國二的妹妹因為不給班上的核心母豬看考卷、

所以常常在教室被打後，前所未有的憤怒使我麻木的情感復甦。

我離開了我久未踏出的家，並翻牆闖入我妹的班上，「砰」一聲甩開教室的門。

打開門，我剛好目睹我妹正被一隻母豬揪著衣領，而且台上的老師根本不管。所以，我吼出了我這兩個月以來的第一句話：

「幹你娘！誰欺負我妹？誰？是誰！！」

而我的第二句話，獻給了那隻被我抓著頭髮撞牆的母豬：「啊你扯我妹衣服是衝三小？蛤？」

隨著我喊出一句又一句的話，我的音量變得大再更大。

「幹你娘！不要躲啦幹！怕我打啊？那你打我妹是打三小？」

「還有誰打我妹！誰！過來！幹你娘過來！過來！」

「你憑什麼拉走我！你是我妹的老師為什麼不保護我妹！幹！放開！」

我一拳一拳的揍著那群霸凌我妹的小母豬，也一點一點的想起好多事情。

我想起家裡很久沒打掃，想起爸的頭髮越來越白，想起我的成績越來越爛，還想起關心我的國文老師。

我想起她在課堂上解釋「坦誠」這個詞的意思。

坦誠不只是講真話，而是坦然、坦白、誠心、誠實的接受某些事物，然後我想起我要活著，**用力用力用力的活著**。

老娘明天還是會來監視你們這群該死的小母豬有沒有欺負我妹，所以我會無所不用其極的用力活下去。

就算活著要先坦然的面對我的爛生活，還要很誠實的告訴自己：「沒有人可以幫我囉，而且我還要守護妹妹唷，可憐喔。」

但你知道嗎？老娘已經決定要拚命活下去了。因為我就是一個大坦誠女孩。

我！就是！那個！他媽的！大坦誠女孩！

大！坦！誠！女！孩！

Eurasian Publishing Group
圓神出版事業機構
用心與你對話・視野無限寬廣

如何出版社
Solutions Publishing

www.booklife.com.tw   reader@mail.eurasian.com.tw

Happy learning 195

去你的正常世界

作　　者／大坦誠
發 行 人／簡志忠
出 版 者／如何出版社有限公司
地　　址／臺北市南京東路四段50號6樓之1
電　　話／（02）2579-6600・2579-8800・2570-3939
傳　　真／（02）2579-0338・2577-3220・2570-3636
總 編 輯／陳秋月
主　　編／柳怡如
專案企畫／沈蕙婷
責任編輯／丁予涵
校　　對／丁予涵・張雅慧・柳怡如
美術編輯／蔡惠如
行銷企畫／陳禹伶・曾宜婷
印務統籌／劉鳳剛・高榮祥
監　　印／高榮祥
排　　版／莊寶鈴
經 銷 商／叩應股份有限公司
郵撥帳號／18707239
法律顧問／圓神出版事業機構法律顧問　蕭雄淋律師
印　　刷／祥峰印刷廠
2021年5月　初版
2021年5月　3刷

從小到大，我只要逮到機會，就會泡在學校的圖書館，看那種超常見的成長故事集。

但說實在的，國小時的我總是不懂，為什麼反派能一路欺負了主角七個章節，還能在最後三個章節中理所當然的洗白？

往往主角抓狂起來反抗的部分只占了一頁，後面還要花三頁的篇幅來愧疚自己抓狂。

奇怪耶，為什麼主角只能善良不能抓狂？所以我一直在找那種主角可以從第二章一路抓狂到第十章的成長故事。

因為這樣才痛快，不是嗎？

——《去你的正常世界》

◆ **很喜歡這本書，很想要分享**

圓神書活網線上提供團購優惠，
或洽讀者服務部 02-2579-6600。

◆ **美好生活的提案家，期待為您服務**

圓神書活網 www.Booklife.com.tw
非會員歡迎體驗優惠，會員獨享累計福利！

國家圖書館出版品預行編目資料

去你的正常世界 / 大坦誠作. -- 初版. -- 臺北市：如何出版社有限公司，
2021.05
　　288 面；14.8×20.8公分 --（Happy learning；195）

　　ISBN 978-986-136-578-7（平裝）
　　1.自我實現 2.生活指導
177.2　　　　　　　　　　　　　　　　　　　　　110004082